O SILÊNCIO

DOS

INOCENTES

ENTRE CORDEIROS E MONSTROS

LIMITED EDITION.

Hannibal Lecter

William Blake

ESCRITO POR YVONNE TASKER
MMXXIV

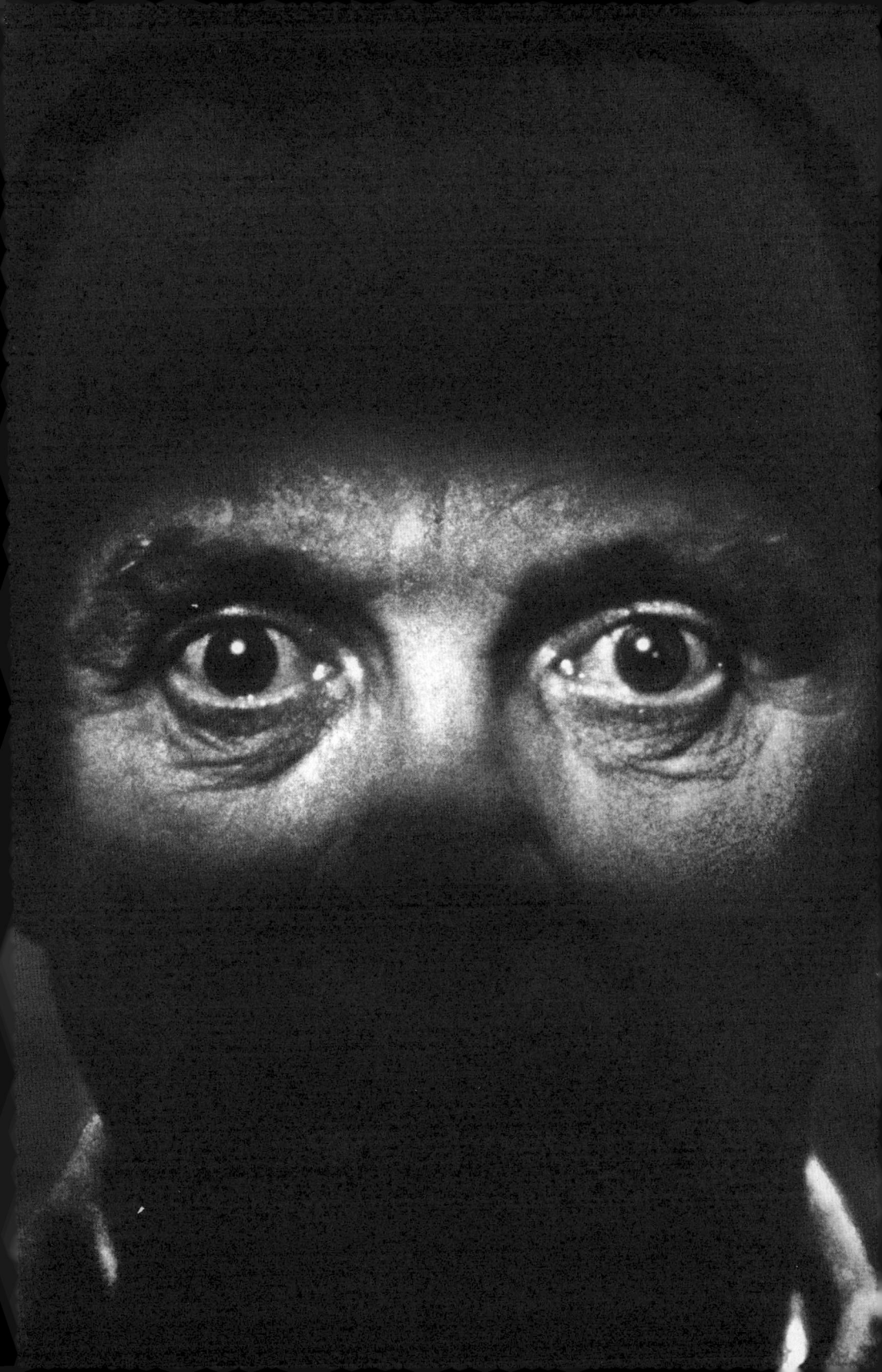

THE SILENCE OF THE LAMBS: BFI FILM CLASSICS
© Yvonne Tasker 2002, 2021

Todas as imagens são de propriedade do BFI. Images from The Silence of the Lambs (Jonathan Demme, 1991), © Orion Pictures Corporation; Copycat (John Amiel, 1995), © Monarchy Enterprises B.V./New Regency Films; The Cell (Tarsem Singh, 2000), © Katira Media Production GmbH & Co. KG; Manhunter (Michael Mann, 1986), © De Laurentiis Entertainment Group; Psycho (Alfred Hitchcock, 1960), © Shamley Productions

Tradução para a língua portuguesa
© Enéias Tavares, 2024

Belos e Malditos © Nilsen Silva, 2024

Diretor Editorial
Christiano Menezes

Diretor Comercial
Chico de Assis

Diretor de Novos Negócios
Marcel Souto Maior

Diretora de Estratégia Editorial
Raquel Moritz

Gerente Comercial
Fernando Madeira

Gerente de Marca
Arthur Moraes

Gerente Editorial
Bruno Dorigatti

Editoras
Marcia Heloisa
Nilsen Silva

Capa e Projeto Gráfico
Retina 78

Coordenador de Diagramação
Sergio Chaves

Preparação
Isadora Torres

Revisão
Francylene Silva
Retina Conteúdo

Finalização
Roberto Geronimo

Marketing Estratégico
Ag. Mandíbula

Impressão e Acabamento
Gráfica Geográfica

DADOS INTERNACIONAIS DE CATALOGAÇÃO NA PUBLICAÇÃO (CIP)
Jéssica de Oliveira Molinari - CRB-8/9852

Tasker, Yvonne
    O Silêncio dos Inocentes: Entre Cordeiros e Monstros / Yvonne Tasker ; tradução de Enéias Tavares. — Rio de Janeiro : DarkSide Books, 2024.
    256 p.

    ISBN: 978-65-5598-456-9
    Título original: The Silence of the Lambs (BFI Film Classics)

    1. Filmes de terror 2. Cinema I. Título II. Tavares, Enéias

24-4309   CDD 302.2343

Índice para catálogo sistemático:
1. Filmes de terror

[2024]
Todos os direitos desta edição reservados à
DarkSide® Entretenimento LTDA.
Rua General Roca, 935/504 — Tijuca
20521-071 — Rio de Janeiro — RJ — Brasil
www.darksidebooks.com

CLÁSSICOS DO CINEMA BFI

O
SILÊNCIO
DOS
INOCENTES

Entre Cordeiros e Monstros

Escrito por YVONNE TASKER

Traduzido por ENÉIAS TAVARES

DARKSIDE

Agradecimentos

Gostaria de agradecer ao editor Rob White, que foi excelente ao longo deste projeto, fornecendo conselhos e apoio inestimáveis e sempre fazendo as perguntas certas. Ao longo dos anos, discuti *O Silêncio dos Inocentes* com muitos amigos, colegas e alunos, o que torna muito difícil citar pessoas específicas. No entanto, durante o período em que escrevi este livro, Tim Bergfelder, Martin Fradley, Mike Hammond, Marina Mackay e Sharon Tay sugeriram novas direções — embora possam nem mesmo saber disso! — e sou grata a todos eles. Também gostaria de agradecer a Justine Ashby pelas esclarecedoras conversas sobre o gótico, a imagem da mulher e as possibilidades de um cinema feminista.

No decorrer dos anos, desde a primeira publicação deste livro, tive longas discussões sobre gênero, crime e horror com Linda Mizejewski e Lindsay Steenberg. Deixo aqui meus agradecimentos a ambas. Além disso, sou grata a Daniel Sheppard por suas sugestões úteis enquanto trabalhava na edição revisada do livro.

Por fim, quero agradecer à minha esposa Rachel Hall, a quem este estudo é dedicado.

Para Rachel

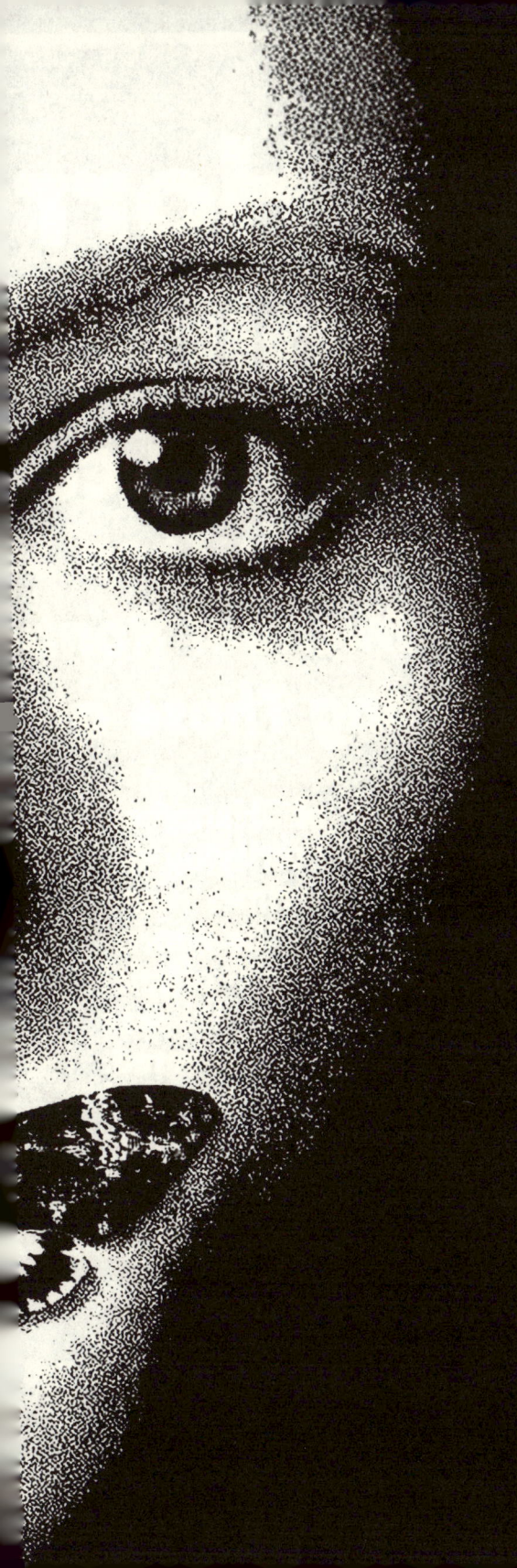

Clássicos do Cinema BFI

A série Clássicos do Cinema BFI apresenta, analisa e celebra os grandes marcos do mundo cinematográfico. Cada volume defende o status de "clássico" de seu filme correspondente, aliando a essa defesa uma discussão sobre o histórico de produção e de recepção da obra, seu lugar em determinado gênero cinematográfico ou no panorama de produções de um país, comentários acerca de sua importância técnica e estética e, em muitos casos, a visão do próprio autor com relação ao impacto que o filme lhe tenha causado. Uma coleção fundamental para todos os amantes da Sétima Arte, agora no Brasil em uma parceria entre o BFI e a DarkSide® Books.

was the
of the
without
ments con-
therefore prop-
consultation
was reflected
adopted by the

that public hear-
be limited to
onths was taken
nt by the com-

feel at this stage
tion is forthcom-
ecomes common
here is pressure
hich will mater-
spect of the case.
vestigation is as-
ons are that some
shed on the situ-
future. Available
but authorities
ll disclose some
at a solution.

New Horr
"Cannibal

The Doctor of Death Coo
Gourmet Meals Then Se
Friends, Michael Ronbe
Among Those at

At the trial today of "Hannibal-the Cannibal," more horrifying details of the Doctor's crimes were made public, as well as the American Medical Association's official expulsion document. As it was read, victim's families cheered. Judge Detox, who has presided over a courtroom that has some-

go
un
un
de
be
lm
co

was the
of the
without
ments con-
therefore prop-
consultation
was reflected
adopted by the

New Horr
"Cannibal

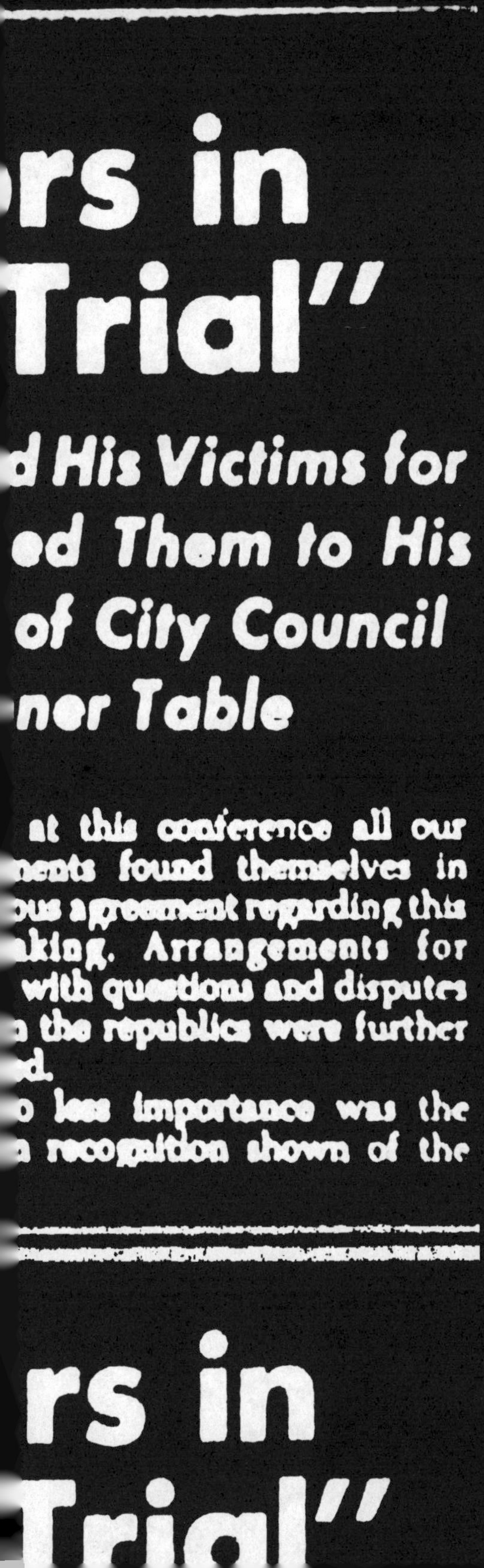

rs in
Trial"

d His Victims for
ed Them to His
of City Council
ner Table

at this conference all our
nents found themselves in
ous agreement regarding this
aking. Arrangements for
with questions and disputes
a the republics were further
d.
o less importance was the
a recognition shown of the

the

A FILM BY
JONATHAN
DEMME

silence
of the
lambs

SUMÁRIO
O SILÊNCIO DOS INOCENTES

BFI

rs in
Trial"

Os elementos mais estáveis, Clarice, estão no meio da tabela periódica, mais ou menos entre o ferro e a prata. Entre ferro e prata. É onde você está.

Hannibal Lecter

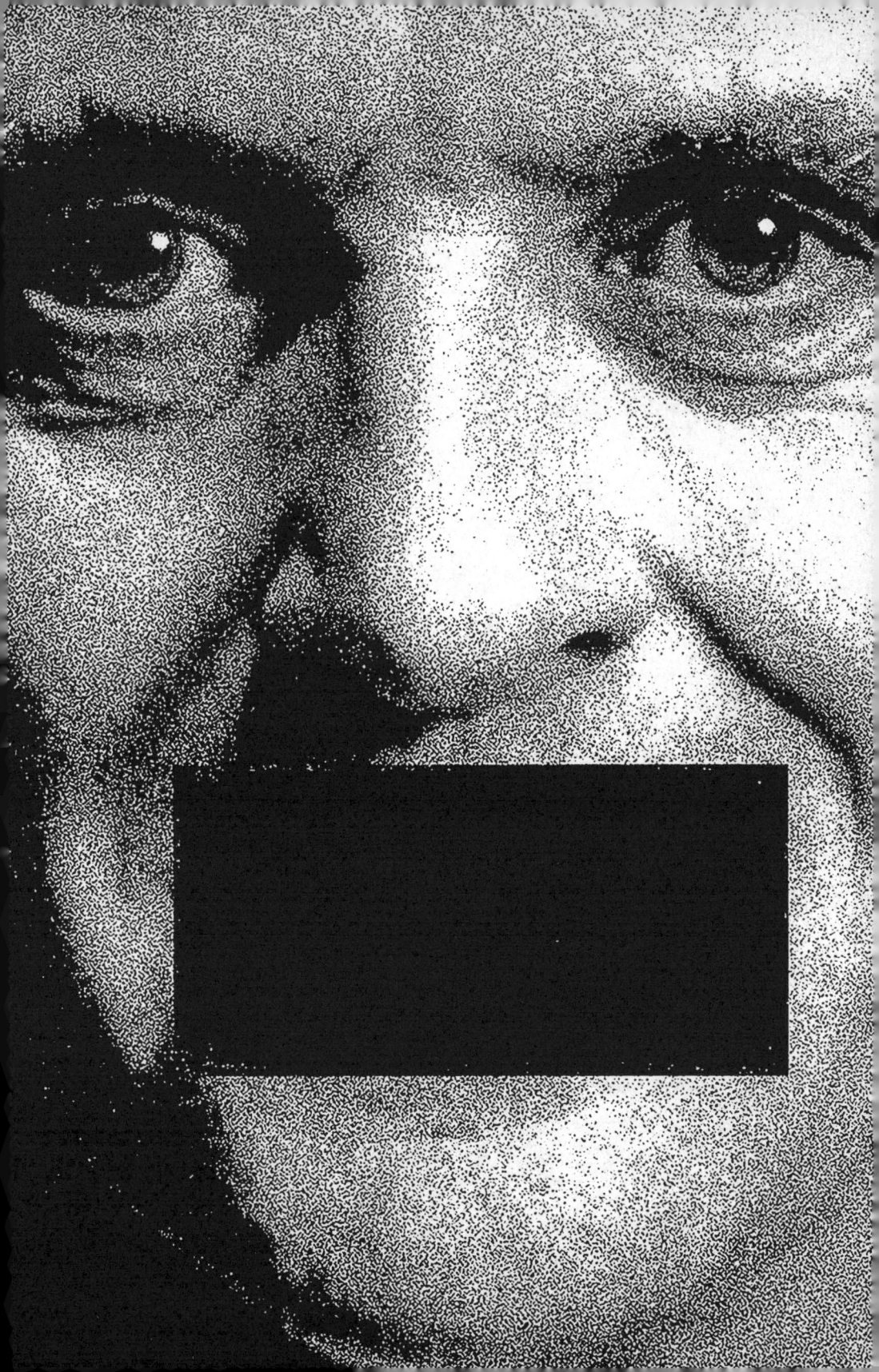

CAPÍTULO 1

PÁSSAROS, CORDEIROS E BORBOLETAS

Noite do Oscar de 1992: o apresentador Billy Crystal sobe ao palco com uma máscara de hóquei no estilo Hannibal Lecter. *O Silêncio dos Inocentes* (*The Silence of the Lambs*, 1991) está para se tornar um dos poucos filmes a receber os cinco prêmios principais: Melhor Diretor para Jonathan Demme, Melhor Atriz para Jodie Foster, Melhor Ator para Anthony Hopkins, Melhor Filme para os produtores Ron Bozman, Edward Saxon e Kenneth Utt e Melhor Roteiro Adaptado para Ted Tally. Caracterizado como "suspense" ou como um ótimo exemplo de "terror psicológico" e sendo considerado o filme mais assustador do ano, *Silêncio* foi o segundo filme classificado como "Adulto" a alcançar tal prestígio, embora os filmes censurados tenham sido regularmente premiados como Melhor Filme desde que os Estados Unidos introduziram um sistema de classificação vigente, ainda na década de 1960.

O Silêncio dos Inocentes gira em torno da busca por um serial killer conhecido apenas como Buffalo Bill, um assassino que rapta jovens mulheres aparentemente ao acaso: todas as vítimas são mulheres brancas de compleição grande. Bill aprisiona essas mulheres em um poço seco no coração de seu labiríntico porão, deixando-as famintas por três dias antes de baleá-las e esfolá-las, retirando parte de suas peles. Os cadáveres mutilados são então depositados em diversos rios, em localidades distantes da geografia dos Estados Unidos. Quando são descobertas, as vítimas de Buffalo Bill alimentam as investigações de uma equipe do FBI liderada por Jack Crawford, um agente que, apesar do aparecimento de cinco corpos, teve pouco sucesso em encontrar o assassino. O FBI está perdido: a água elimina vestígios de evidências, e nenhum fator parece ligar as vítimas umas às outras ou ao assassino. Enquanto isso, na privacidade de seu doméstico porão, Buffalo Bill está cuidadosa e habilmente confeccionando uma roupa feita com a pele arrancada de suas vítimas.

Embora Bill esteja trabalhando há algum tempo, *O Silêncio dos Inocentes* se estrutura em torno da intensa investigação desencadeada pelo sequestro de Catherine Martin, filha da senadora republicana Ruth Martin. Atraída até uma van — Bill ganha a confiança da jovem usando um gesso em seu braço no estilo do serial killer Ted Bundy —, Catherine é apresentada e sequestrada cerca de trinta minutos depois do início do filme. A partir de então, tanto o público quanto os investigadores sabem que estão em uma corrida contra o tempo. A busca por Catherine impulsiona a narrativa, enquanto o diálogo de quase todas as cenas apresenta referências repetidas à passagem do tempo.

A premissa do filme já seria familiar aos leitores do best-seller de Thomas Harris, publicado originalmente em 1988, que continha aspectos ainda mais horrendos. O livro fornece detalhes, por exemplo, sobre o processo específico de decomposição de corpos humanos em água, sobre como eles podem ser incinerados no porta-malas de um carro após a morte e também sobre os aspectos "infernalmente complicados"[1] quando se lida com pele humana — detalhes que o filme deixa de lado. Apesar de sua meticulosa pesquisa — trabalhando com o FBI, examinando casos de assassinos em série reais e assim por diante —, Harris é provavelmente mais conhecido por ter criado em sua ficção o fascinante personagem Hannibal "The Cannibal" Lecter. Por sua vez, esse papel improvável transformou o respeitado ator galês Anthony Hopkins em uma estrela de cinema. Um ex-psiquiatra que matou e comeu suas vítimas, Lecter é o gênio maligno do filme, uma versão sedutora do estereótipo

Hannibal Lecter, um observador à mostra; Catherine Martin mantida prisioneira

do médico louco. E ainda mais importante em termos da busca pelo assassino e por sua vítima ainda viva, Catherine: Lecter conhece a verdadeira identidade de Buffalo Bill.

O FBI, Buffalo Bill e a própria Catherine estruturam suas atividades em torno de um ciclo de três dias no final do qual a jovem ou morrerá ou será salva. Em outras palavras, o assassino ou o FBI terá seu desejado troféu. Embora Lecter possa revelar o que sabe a qualquer momento, ele não tem a urgência dos investigadores: "Só maravilhas aos que sabem esperar", prega ele à estagiária do FBI Clarice Starling para, mais tarde, quando o tempo de Catherine estiver se esgotando minuto a minuto, dizer: "Para mim, não. Afinal, não vemos o tempo do mesmo modo, Clarice". Na cena que precede o sequestro de Catherine, Lecter demonstra ter conhecimento do assassino enquanto insinua o diferente sentido de tempo segundo o qual ele opera: "Eu esperei, Clarice. Mas quanto tempo você e o velho Jackie podem esperar? Nosso pequeno Billy já deve estar à procura de sua próxima donzela especial". O conhecimento de Lecter permite a ele um tipo particular de ameaça por procuração. Assim, enquanto *Silêncio* é, em certo sentido, conduzido pelo ritmo urgente da perseguição, o filme também é obrigado a seguir simultaneamente um tipo distinto de lógica narrativa, ou pelo menos um tempo narrativo diferente, organizado em torno do — e até mesmo ditado pelo — carismático Hannibal Lecter.

Em vista disso, a noção de tempo de Lecter é substancialmente diferente da dos demais personagens, tanto por sua fala quanto por seus movimentos, em tudo cuidadosos e equilibrados. Hopkins investe seu doutor de graça e malícia, ambas características transmitidas por meio de gestos curtos e discretos, o que os torna ainda mais poderosos, em um evidente autocontrole perceptível no lento fechar de olhos e na resoluta determinação do corte de uma das mãos, para citarmos apenas dois exemplos. Lecter passa a maior parte do filme aprisionado, sendo sua cela um cenário ao qual retornamos vez após vez. A sensação de que Lecter é um personagem no controle do que está acontecendo não é limitada por suas restrições ou por seu ambiente — ele "sai" da cela várias vezes, manipulando os outros por meio de palavras e da oferta de realização de seus íntimos desejos. Por outro lado, quando está amarrado ou submetido à sua máscara de contenção, ele é verbalmente mais brutal. Lecter induz outro preso a engolir a própria língua com o poder de seu discurso — exatamente quais palavras podem ter esse poder podemos apenas imaginar, já que o ato ocorre fora de cena.

No centro da narrativa e da construção temática do filme estão quatro longas trocas entre Lecter e Clarice Starling, uma jovem graduada em psicologia e estagiária do FBI. Jack Crawford, chefe da Unidade de Ciência Comportamental do FBI, planeja e ordena a primeira dessas reuniões, enviando Starling para entrevistar Lecter. Sua tarefa oficial é persuadir

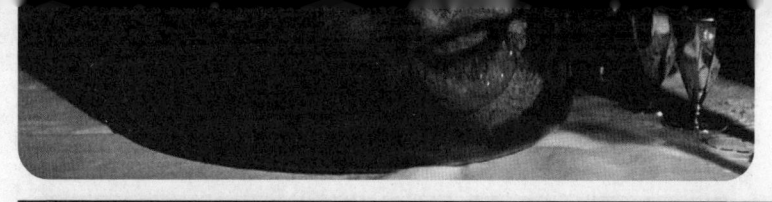

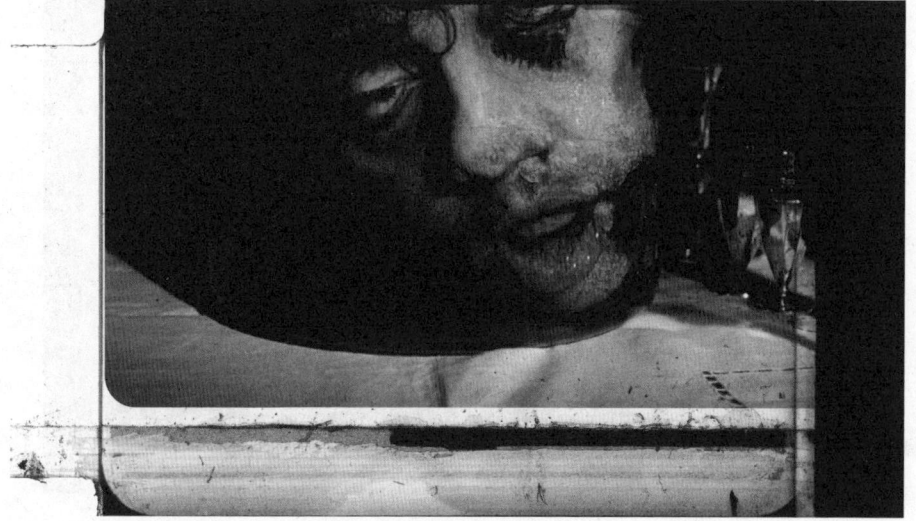

o assassino a preencher o questionário padrão da unidade para o Programa de Apreensão e Crimes Violentos (VICAP, na sigla em inglês). Todavia, o interesse real de Crawford — que ele ainda não confia a Starling — é testar Lecter sobre seu possível conhecimento a respeito de Buffalo Bill. Lecter e Starling constroem assim um vínculo intenso, porém desafiador. Suas trocas são caracterizadas pelos íntimos close-ups faciais que Jonathan Demme e o diretor de fotografia Tak Fujimoto usam ao longo de toda a filmagem, muitas vezes explicitamente alinhando-nos, como espectadores, ao ponto de vista de Starling. Como a atuação de Hopkins, essas sequências — embora tenham seus momentos assustadores — são tipicamente estáticas e ultracontroladas, algo que contrasta com a edição mais frenética que poderíamos esperar encontrar tanto em um suspense quanto em um filme de terror. Embora *Silêncio* apresente uma edição digna de nota, são nesses encontros em que o uso do close-up é o mais impressionante visualmente, com Lecter e Starling intimamente conversando através do espesso vidro que os divide.

Logo no primeiro encontro, Lecter provoca Starling, de pronto identificando sua fraqueza — uma angústia de parecer comum, banal — e brincando com ela: "Você não está a mais de uma geração de distância

do lixo branco,* não é, agente Starling?". Embora ele rejeite Starling, Lecter fica desconcertado quando outro preso, Miggs, lança contra ela seu próprio sêmen. Talvez isso o excite ou talvez ele procure fazer as pazes com a jovem agente. De todo modo, ao dizer que, de sua perspectiva, "a falta de cortesia é indescritivelmente feia", Lecter fornece a Starling a primeira de várias pistas que a envolverão cada vez mais na busca frenética por Buffalo Bill: "Procure profundamente dentro de si, Clarice Starling", diz Lecter a ela. "Vá e procure a srta. Mofet, uma antiga paciente minha." Seguindo a pista, Starling visita o depósito particular Your Self em Baltimore. Nele, ela explora o conteúdo de uma garagem alugada em nome de "Miss Hester Mofet", encontrando lá a cabeça de um certo Benjamin Raspail — no processo de decodificação do anagrama de Lecter, "Miss Hester Mofet" se torna "miss the rest of me" ("sinta falta do resto de mim"). A cabeça de Raspail está preservada em um frasco de espécimes biológicos, uma evocação irônica dos laboratórios que costumam estar no centro das ficções policiais. Aqui, porém, estamos em um laboratório bem diferente: dentro de um carro velho, a jarra

---

* Termo pejorativo usado para se referir a pessoas brancas de baixo status social, geralmente implicando pobreza, falta de educação, desemprego ou características consideradas antiquadas.

é habilmente posicionada ao lado de um manequim posando com um vestido de baile e uma piteira. Embora o conteúdo do carro não tenha sido tocado por anos, o senso de propósito que sustenta essa misteriosa cena é tão intenso quanto sua teatralidade.

Voltando ao hospital psiquiátrico para o segundo encontro com Lecter, Starling percebe não apenas que ele conhece a identidade do assassino de Raspail, como também que acaba de descobrir outra vítima de Buffalo Bill, talvez até a primeira. Menos formal e talvez até menos intimidada, Starling agora está sentada no chão com as pernas cruzadas, o cabelo ainda molhado da chuva. Ela se dirige a Lecter de forma direta e franca. Em contraste, ele permanece um mistério, sentado no fundo da cela, na mais completa escuridão. Em tom sedutor, Lecter oferece ajuda no caso e se oferece para realizar os desejos da jovem agente: "Ajudarei você a pegá-lo, Clarice". Com suas charadas, piadas e modos imperturbáveis, Lecter parece uma Esfinge — suas pistas são enigmáticas, suas informações são sempre inconclusas. No entanto, para realizar sua missão, Starling deve resolver os intrincados quebra-cabeças que Lecter apresenta.

Quando outro corpo vem à tona, na Virgínia Ocidental, Starling é incluída na investigação, viajando na companhia de Crawford para ajudar na exumação do corpo da vítima. Ela encontra algo na garganta da garota morta: uma pupa, um casulo intermediário entre o estado de larva e de formação adulta de insetos. Entomologistas do Smithsonian Institution — vistos pela primeira vez na escuridão do laboratório jogando um tipo bizarro de xadrez com insetos — identificam a pupa como sendo da mariposa-caveira. Mais tarde, o FBI descobrirá outra pupa preservada na cabeça de Raspail. Aqui, finalmente, além do rapto, do assassinato e do esfolamento de mulheres, está a assinatura do assassino. Buffalo Bill quer se transformar de alguma forma em alguma coisa. Rejeitado para a cirurgia de redesignação sexual por seu histórico de violência, ele parece querer se tornar uma espécie de borboleta humana. A transformação é um dos temas centrais de *Silêncio*, e é tipicamente representada no decorrer de toda a película por meio de insetos ou animais: a mariposa e o pássaro. A mariposa ou borboleta passa por estágios, literalmente trocando de pele para emergir em sua nova forma. O pássaro jovem, antes dependente, deixa o ninho quando está emplumado, com suas penas recém-prontas para o voo.

A imagem de pássaros crescidos, em seu crescimento e voo, é mais desenvolvida em relação à própria Starling: na sequência de abertura do filme, enquanto corre na floresta, ela assusta um pássaro que voa ruidosamente. Em seu primeiro encontro com Lecter, o doutor diz a ela para "voar de volta à escola". Uma coruja empalhada, com as asas abertas, é o primeiro objeto encontrado pela lanterna de Starling no depósito de Baltimore, talvez um eco do filme *Psicose* (*Psycho*, Estados Unidos, Alfred Hitchcock, 1960) e dos pássaros empalhados na sala de Norman Bates. A câmera subjetiva nos mantém com Starling, com o pássaro empalhado sendo ao mesmo tempo um objeto ameaçador — um sinal do não familiar ou estranho — e um aviso de um destino possível, resumido no espetáculo contraditório de uma imagem congelada de movimento. Nesse sentido, embora Buffalo Bill vista suas vítimas e Lecter consuma as dele, ambos dispõem transgressões corporais por meio das quais incorporam outros seres humanos. Ao longo do filme, testemunhamos a passagem de Starling de agente em formação a agente

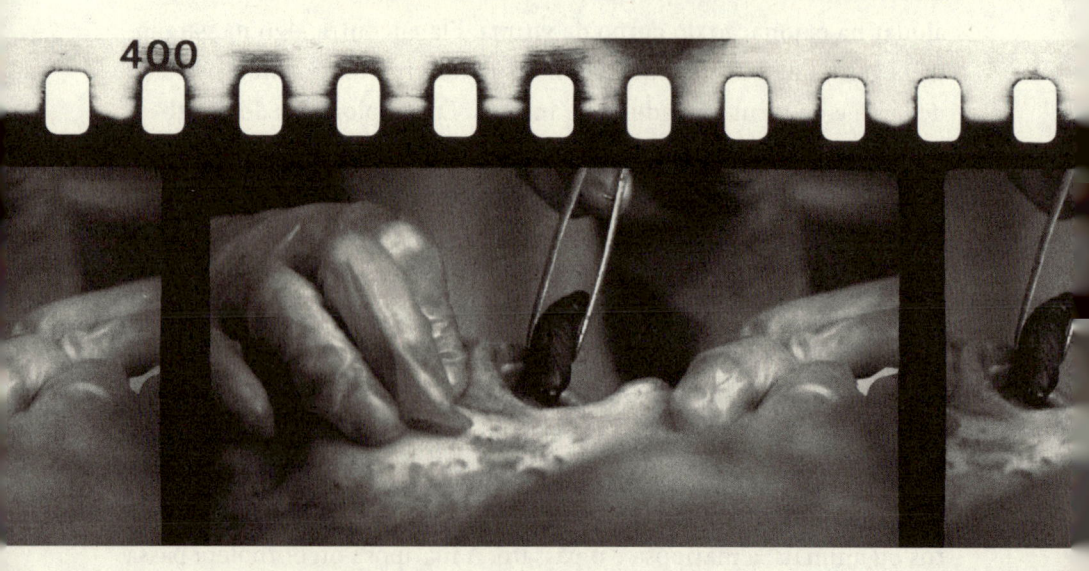

especial formada — chegamos até mesmo a vislumbrar sua infância em dois breves flashbacks — em uma narrativa direta de crescimento e maturidade. Fredrica Bimmel, a primeira vítima de Buffalo Bill, também está associada a pássaros. Fotos na parede de seu quarto mostram cenas felizes com o pai no pombal, tendo o fundo decorado com desenhos infantis de pássaros e galhos. Lecter descreve Buffalo Bill por meio da analogia do pássaro, lançando o assassinato de Raspail como "a primeira tentativa de transformação de um assassino ainda no ninho". Além de seu nome, Catherine Martin ("andorinha" em inglês) tem um pouco de pássaro em sua personalidade, embora seu nome a ligue a Starling ("estorninho" em inglês).

Embora seja óbvio — ele escapará do hospital psiquiátrico —, a transformação não é uma questão para Hannibal Lecter. Diferente de outros personagens, ele permanece aparentemente estático o tempo todo. Se alguma metáfora animalesca fosse sugerida em seu caso, seria a reptiliana — embora no romance de Harris ele pareça a Starling uma "visom de cemitério" que "habita o fundo de uma caixa torácica, entre as folhas secas de um coração".[2] Lecter normalmente zomba e até explora os rótulos que lhe são atribuídos, seja para induzir medo ou para acalmar os outros com falsas sensações de segurança. Em sua terceira entrevista com ele, Starling tenta levar vantagem. Passando por cima do vaidoso diretor do hospital psiquiátrico, o dr. Frederick Chilton, Starling faz uma falsa oferta a Lecter em nome da senadora Martin, usurpando a autoridade de uma mulher poderosa. Em troca de ajuda, Lecter será transferido para outra instituição, promete a jovem agente. Starling disfarça a falsa oferta do FBI com um detalhe perverso, dado o uso de imagens de animais no filme: a ilha para onde Lecter será levado uma vez por ano para uma semana de liberdade controlada é um centro de pesquisa de doenças animais. Lecter concorda em ajudar, mas apenas se receber em troca informações pessoais sobre Starling. A agente promete a Lecter uma praia com ninhos de andorinhas-do-mar, mas ele rapidamente insiste em trocas de outra natureza: "Eu te conto coisas e você me conta coisas. Não sobre esse caso, mas sobre você". Assim, a sugestão de Lecter de que Starling olhe profundamente dentro de si mesma assume um significado ainda mais sombrio. Sondando sua dor, Lecter pede a pior lembrança da infância de Starling, e ela conta a ele sobre a morte de seu pai, um delegado do interior baleado ao interromper um roubo. Órfã aos 10 anos de idade, Starling foi enviada para uma fazenda de criação de ovelhas e cavalos em Montana, fugindo de lá depois de poucos meses. Uma vez que ele adentrou suas memórias, Lecter admite abertamente seu fascínio por Starling: "Seria um prazer conhecê-la no âmbito pessoal". O filme parece nos convidar a compartilhar esse fascínio, de um modo que passamos a admirá-la mesmo quando estamos alocados, como espectadores, ao seu lado.

Em troca de seus segredos íntimos, aprendemos, com Starling, sobre o investimento pessoal de Buffalo Bill em seu projeto de transformação, uma mudança que ele acredita ser de ordem transexual, mas que não é — mais uma vez, outro rótulo é necessário. Ouvimos as palavras finais de advertência de Lecter sobre a terrível patologia de Buffalo Bill por meio da imagem de um gravador. O dr. Chilton está ouvindo a arriscada impostura de Starling. Dedicado às próprias aspirações carreiristas, Chilton revela o engodo às forças da lei e negocia um acordo real com a senadora Martin. O palco está montado para Lecter finalmente deixar sua cela, e câmera e edição se combinam para sugerir que a fuga está em primeiro plano na mente do doutor. Em um hangar no Aeroporto Internacional de Memphis, o fortemente contido Hannibal Lecter é levado para encontrar a senadora. A troca vista ali é bem diferente daquelas entre Lecter e Starling. Embora seja gracioso em sua cela manicomial, o contido Lecter, nesse novo cenário, é todo maldade e malícia. A atenção se concentra em seus olhos e no pouco que podemos ver de sua boca por trás da máscara distorcida de hóquei. Lecter se regozija com a dor da senadora nessa sequência, revelando uma faceta de sua brutalidade que ainda não tínhamos visto. Fornecendo um nome falso, "Louis Friend" — outro anagrama que Starling decifra ("iron sulfide/ fool's gold", "sulfeto de ferro/ouro de tolo", não que alguém se importe em ouvi-la) —, Lecter será recompensado com uma mudança de cenário. Nesse ínterim, será mantido em uma improvisada cela em Memphis, cenário da quarta e última conversa com Starling.

Em seu encontro derradeiro, o poder definitivamente mudou de lado, com Lecter assumindo a vantagem mais uma vez: "As pessoas dirão que estamos apaixonados", ele sugere em tom zombeteiro. De fato, Starling não tem nenhum motivo oficial para estar lá. Agora ela precisa se esgueirar sob falsos pretextos, em um imenso contraste com a maneira quase arrogante com que se apresentou a Lecter em seu encontro anterior. Enquanto ela dispensava Chilton a caminho de fazer a oferta falsa, no final desse encontro ela mesma será removida de cena à força. Não tendo mais "férias a vender", Starling deve revelar o segredo por trás de sua súbita fuga do rancho de ovelhas e cavalos. É essa história que apresenta a terceira fonte de imagens de animais do filme: os cordeiros do título (*The Silence of the Lambs* no original, "o silêncio dos cordeiros"). Acordando uma noite com os balidos de cordeiros sendo abatidos, a jovem Clarice tenta libertá-los. Quando os animais não se movem, ela foge, levando um com ela. No entanto, ela não vai tão longe, e, no final daquela noite, será mandada embora do rancho, e seu cordeiro será sacrificado. Em contraste com pássaros e mariposas, os cordeiros têm pouco a ver com transformação — eles são abatidos e comidos enquanto animais jovens, não como animais adultos. Para a jovem Clarice, seus balidos soavam "como vozes de crianças". Além disso, os cordeiros não têm o bom senso de fugir e tentar se salvar. Ao contar essa história, Starling está em seu estado mais vulnerável: mesmo quando ela se lembra da recusa dos animais em fugir, parece se perder em suas lembranças, quase como se estivesse hipnotizada pela voz de Lecter e presa ao local dessa conversa.

Em *Silêncio*, é sacrifício — não transformação — que a figura do cordeiro sugere. Para Starling, especula Lecter em sua reflexão, Catherine toma o lugar do cordeiro; a busca para salvá-la é, portanto, também uma busca pessoal por resolução. O cordeiro não tem a oportunidade de atingir a maturidade, de se transformar em um ser adulto completo, mas a "pobre Catherine", como Lecter a chama, ainda pode ser salva. Talvez os cordeiros representem todas as vítimas, assim como a Starling de Jodie Foster significa uma ideia de heroísmo que é tanto coletiva quanto individual. É claro que ela própria também está associada ao cordeiro e, portanto, ao sacrifício — Lecter a esboça como uma figura emblemática,

Venus

Ju fr
Vnd Musicl also auch mein Kind.
Helff Heyrat mache/ kleid mich new/

segurando seu cordeiro nos braços como se fosse uma criança. Fotos publicitárias também exploraram essa imagem com pelo menos duas poses diferentes que mostravam Starling/Foster com um cordeiro. Dessa forma, uma imagem que aparece no filme apenas por meio do esboço à lápis de Lecter é transformada em uma imagem narrativa de outro tipo: tanto maternal quanto cristã, afinal, Starling e o cordeiro invocam igualmente ideias de sacrifício e inocência. Para sua última refeição em cativeiro, Lecter pede "costeletas de cordeiro malpassadas", como se estivesse prestes a — ou desejasse — devorar a própria Starling. A chegada da refeição lhe dá a oportunidade de escapar. No clímax da fuga, o vermelho da carne e do sangue das vítimas de Lecter conectam mais uma vez os temas de morte e violência que permeiam o filme.

Deste ponto em diante, *O Silêncio dos Inocentes* torna-se um tipo de filme bastante diferente: Lecter escapa debaixo do nariz da polícia, enquanto Starling faz uma última tentativa de rastrear Buffalo Bill. A fuga de Lecter é violenta — talvez o espetáculo mais sangrento que o filme tenha a oferecer —, o que pode ser apropriado, uma vez que agora estamos nos movendo em direção ao horror de forma mais explícita. Seguindo uma pista final deixada por Lecter em sua cópia do arquivo do caso, Starling retorna à primeira das vítimas femininas de Buffalo Bill, onde tudo começou. Seu método consiste em entrar na vida da vítima, visitando a casa de Bimmel e conversando com sua amiga Stacy, além de investigar seu trabalho de costura. Durante a busca de Starling pelo ambiente doméstico de Fredrica Bimmel, ela entende o que Buffalo Bill está fazendo: com dedicação e habilidade, ele está investindo suas forças na confecção de um traje feminino feito de pele. Embora o FBI já tenha um nome, resta a Starling seguir outras pistas e conexões. Contudo, de forma um tanto inesperada, Starling se vê diante do assassino em seu próprio covil, atirando nele e salvando Catherine. No ápice da história, percebemos que Starling alcançou seu objetivo, formando-se como agente especial do FBI. Ela aperta a mão de Crawford, que lhe diz que seu pai teria ficado orgulhoso — um momento que constituiria a única nota errada na sinfonia do filme, ao menos na opinião de Amy Taubin.[3] Em meio às comemorações, Lecter liga para Starling para ter uma última conversa e para tranquilizá-la de que, pelo menos no que diz respeito a ele, ela estará segura. A piada do filme — "Tenho um velho amigo para o jantar", cortando para Chilton descendo preocupado de um avião — nos garante que Lecter continua o mesmo. A imagem final sombriamente cômica de *Silêncio* é a de um elegante Lecter desaparecendo na multidão em busca de seu ex-carcereiro.

Quando comecei a escrever este livro, dez anos depois do lançamento de *O Silêncio dos Inocentes*, Lecter estava mais uma vez no noticiário. Uma continuação cinematográfica do filme era uma possibilidade — quase uma certeza, com a permissão de Harris — desde o sucesso comercial e crítico do longa de Jonathan Demme. Rumores sobre o elenco percorriam as rodas de notícias enquanto Harris escrevia em seu próprio ritmo. A certa altura, foi relatado que Anthony Hopkins relutou em repetir o papel por medo de encorajar a violência. O tão esperado quarto romance de Harris, o terceiro com Lecter, foi finalmente publicado em 1999. *Hannibal* foi um recorde instantâneo de vendas e se mostrou um livro distintamente estranho, terminando com Starling e Lecter formando um perverso casal de foras da lei. Jodie Foster estranhou o roteiro, recusando-se a reprisar o papel de Clarice Starling. Várias atrizes, de Gillian Anderson a Gwyneth Paltrow, foram sugeridas para assumir o lugar dela, mantendo o burburinho vivo até Julianne Moore ser escalada pouco antes do início das filmagens. Os lançamentos em DVD de *O Silêncio dos Inocentes* e *Hannibal* em 2001 foram acompanhados de rumores sobre uma nova adaptação de *Dragão Vermelho* (*Red Dragon*), o primeiro romance de Harris a apresentar Lecter. O livro fora adaptado ainda em 1986 por Michael Mann sob o título *Manhunter* (*Caçador de Assassinos* no Brasil). Filmes subsequentes apresentando Lecter de fato revisitariam o material anterior, como detalhado no posfácio desta edição. Tais movimentos para explorar a história de Hannibal Lecter a fundo não são surpreendentes, dado os finais do personagem na versão de Harris e na de Ridley Scott serem tão divergentes.[4]

De certo modo, *Hannibal*, o livro, foi um fenômeno maior que *Hannibal*, o filme. O mesmo não pode ser dito de *O Silêncio dos Inocentes*, embora o livro certamente fosse de alto nível, sendo um grande best-seller que também foi aclamado pela crítica. A ficção policial há muito é considerada o fim mais respeitável da ficção de gênero, e Harris certamente investiu em um suspense de complexidade psicológica e narrativa que deu um papel heroico à Unidade de Ciência Comportamental do FBI. Por sua vez, o filme de Demme apresentou o trabalho de Harris a um público leitor mais amplo, preparando o terreno para o sucesso subsequente de *Hannibal*.

Trabalhando com cinema, sou um pouco cautelosa em fazer comparações entre filmes e ficção em prosa. As duas mídias empregam diferentes técnicas para narrar, ou, em outros termos, para aterrorizar. Não é de se estranhar que o cinema seja caracterizado por um intenso investimento no elemento visual, ou que palavras possam figurar de forma diferente na ficção e no cinema. No entanto, a conversa sobre adaptação muitas vezes parece ocorrer em um modo abstrato e hierárquico — em uma hierarquia na qual a literatura parece emergir quase por padrão como "melhor" ou "mais complexa" que um filme. Gavin Smith oferece uma rara inversão hierárquica em relação a *Silêncio*, argumentando que o que ele chama de "reinvenção fílmica" do livro de Harris "com certeza é mais potente porque o gênero suspense é *essencialmente cinematográfico*, sendo seu dispositivo central a voyeurística câmera subjetiva".[5] A ficção literária e a cinematográfica nos envolvem em uma relação diferente com a visão. Com thrillers e narrativas de terror, o olhar se volta tanto para o que é sugerido quanto para o que é "visto", nesse caso, o espetáculo da violência. Talvez seja por isso que o discurso popular sobre o cinema volte repetidamente à questão do quanto de fato nos é mostrado — muitos críticos tentaram tranquilizar os espectadores de *Silêncio* afirmando que eles teriam pouco para "ver" no filme. Já outros têm protestado que o longa nos mostrou até demais.

Deixando de lado o perigo do preconceito cultural, seria um erro ignorar *O Silêncio dos Inocentes* de Thomas Harris em prol do filme de Jonathan Demme, sobretudo quando se trata, nesse caso, de um livro notável. O filme sem dúvida pretende ser uma adaptação fiel à sua fonte literária; tanto os atores quanto os membros da equipe de

produção fazem referências repetidas ao romance de Harris em suas entrevistas. Por outro lado, existem várias pequenas diferenças entre o romance e a adaptação. Contudo, a principal diferença é o tom. De todas as vozes narrativas em *O Silêncio dos Inocentes*, a do próprio Harris e de seu narrador é a mais poderosa, não raro suplantando com sutileza a apresentação dos pensamentos dos personagens. Já *O Silêncio dos Inocentes* de Demme coloca a sombria modernidade do FBI e de seu QG em oposição ao gótico da trama de serial killer, e ambos são, por sua vez, contrastados com o mundo cotidiano das vítimas: as cenas ao redor da casa de Bimmel em Belvedere, Ohio, ou na casa funerária na Virgínia Ocidental são comoventes, com diversos pequenos toques de monotonia rotineira que dão vida a esses espaços. Nisso, o filme de Demme é mais compassivo e conscientemente aberto do que o livro de Harris. Em sua prosa, Harris com frequência escolhe descrever a ação, os cenários e os desejos dos personagens. Quando Starling percebe o quão transparente ela parece ser ao olhar de Lecter — "Ele vê muito claramente... Ele com certeza vê através de meu corpo" —, o narrador observa: "É difícil aceitar

que alguém possa entender você sem desejar-lhe o bem".[6] Apesar das manobras psicológicas de Lecter serem um assunto óbvio, Harris poderia muito bem estar comentando, nessas mesmas passagens, a ambivalência de sua própria escrita ficcional.

Pense na cena em que Starling visita a casa de Fredrica Bimmel. Tanto Harris quanto Demme nos mostram um "bairro miserável" em um ensolarado dia de inverno. Os incidentes descritos são mais ou menos os mesmos: Starling tenta encontrar um sentido que explique a vida da menina assassinada, descobre itens pessoais ligados à costura e percebe que Buffalo Bill é um especialista em costura. No entanto, o tom do romance e do filme são sutilmente diferentes. "Fredrica não exibia fotos suas no quarto", nos informa o narrador de Harris, presumivelmente porque — como Bill, fica sugerido — ela não estava satisfeita com seu corpo ou consigo mesma. Em outros termos, o quarto de Fredrica revela "um eco de desespero".[7] Nesse espaço desolado, Starling torna-se consciente da própria corporeidade e, de maneira implícita, de sua superioridade: "Starling se viu no espelho de corpo inteiro na parede de fundo e ficou feliz por ser diferente de Fredrica".[8]

O filme, por outro lado, mergulha Starling no mundo de Fredrica, um mundo um pouco ingênuo nos traços de amizade e afeto, contudo mais feminino do que desesperado. Os olhos de Starling, sinalizados pelo trabalho de câmera, captam uma série de fotografias: quatro mostrando Fredrica com o pai no pombal — na última, na soltura de um pássaro —, outra da mulher com sua gata e a melhor amiga, Stacy, além de fotos de bebês em minúsculas molduras. Por fim, Starling se volta para a caixa de música da vítima, encontrando fotos de Fredrica em um esconderijo secreto aparentemente ignorado por olhos alheios. O roteiro incorpora detalhes de outra cena do romance nessa mesma sequência, aquela em que Starling visita o apartamento de Catherine Martin e encontra fotos explícitas da filha da senadora "ficando"[9] com um homem não identificado. As Polaroids mostram Fredrica posando de forma sedutora e um tanto infantil em sua calcinha branca de tamanho grande. Vistas tanto tempo depois de sua horrenda morte, essas fotos secretas parecem mais pueris do que atrevidas. Harris, por sua vez, destaca o momento com mais crueldade: as cartas de Fredrica para Gumb são descobertas em sua casa após sua morte. Starling mal se dá ao trabalho de lê-las, "por causa da esperança que há nelas, por causa da carência que há nelas".[10]

Para Harris, Fredrica é uma personagem que não se exibe, mas que, no entanto, é exibida. Já no filme, a jovem vítima é capturada em uma imagem visual, na verdade, em múltiplas imagens, especialmente de seu rosto sorridente, retratos que sugerem que sua vida não foi apenas um fracasso. Harris deixa esse ponto um pouco inexplorado. O resultado literário é um maior senso de compreensão dos múltiplos personagens do romance e, ironicamente, também um maior senso de sua crueldade, uma consciência do perigo que qualquer tipo de desejo traz consigo. De maneira crucial, o roteiro de Ted Tally concentra nossa atenção em Starling e em seu relacionamento com Lecter, eliminando as múltiplas subtramas do romance, como a doença e a subsequente morte da esposa de Crawford, Bella. Esse processo de simplificação chegou ao corte final, com cenas de Crawford sendo descartadas na sala de edição. O filme também oferece de modo mais explícito o ponto de vista de Starling, alinhando o público com sua busca heroica. As sequências de perseguição mostradas de uma perspectiva subjetiva — mais comumente associada ao perigo em filmes de suspense ou terror — nos fornece aqui o ponto de vista de Clarice, tanto nos flashbacks de sua infância quanto no aqui e agora da própria investigação. Além disso, closes extremos em que os personagens falam diretamente para a câmera adicionam intensidade a determinadas trocas de olhares e de palavras. Já a visão de Harris é mais sombria, às vezes minando o heroísmo de Starling. Em contraste, o filme de Demme dramatiza uma busca heroica na qual a motivação da heroína é clara e direta. O filme não apenas permite a Clarice Starling uma autonomia; nele, tal autonomia é celebrada.

CAPÍTULO 2

A SOMA E AS PARTES: HORROR, CRIME E IMAGEM FEMININA

A sequência de abertura de *O Silêncio dos Inocentes* nos leva diretamente à personagem Clarice Starling. Percorrendo uma trilha do centro de treinamento de Quantico no raiar do dia, o esforço é evidente no suor de seu rosto e em sua respiração ofegante. Nessa cena, somos apresentados à sua determinação e força, ao mesmo tempo em que sentimos sua vulnerabilidade, com uma discreta e implícita sugestão de ameaça na imagem de uma jovem correndo sozinha pela floresta: névoa subindo, um pássaro assustado, a evocativa partitura orquestral acompanhada do som de insetos e da vida natural. Tanto a câmera móvel quanto a edição fragmentada sugerem questões narrativas. Alguém está a vigiando? Será que ela está sendo perseguida? A resposta é um simultâneo sim e não. Embora Starling não seja observada nem perseguida nessa cena em específico, as perguntas nos preparam para o drama que se seguirá. Ela se tornará objeto do escrutínio de Hannibal Lecter e, embora passe a maior parte do filme perseguindo Buffalo Bill, no final das contas ela assumirá, ainda que brevemente, a posição de caça. Em um nível mais simbólico, Starling está fugindo de seu passado, sendo que, no decorrer da narrativa, ela precisará se reconciliar com suas memórias mais dolorosas.

Starling em seu treinamento em Quantico; mostrada visualmente como uma figura diminuta em um mundo masculino

Embora o filme comece apenas com imagens dela, sozinha, Starling desenvolverá relações significativas no decorrer da narrativa: com os dois assassinos em série, Lecter e Buffalo Bill; com um supervisor um tanto severo, Jack Crawford; com o pai morto anos antes; com a colega e também estudante Ardelia Mapp; e com as vítimas femininas de Buffalo Bill, a quem ela procura vingar e/ou salvar. Assim, embora seja apresentada como uma espécie solitária na sequência de abertura, Clarice Starling está posicionada no centro de uma rede de personagens e instituições, com uma conexão aparentemente frágil unindo-os. Além disso, gêneros de filmes e de personagens se conectam de forma complexa nessa película.

O tipo de suspense aos qual associamos *O Silêncio dos Inocentes* depende muito de quais conexões específicas escolhemos seguir. Uma criação híbrida, *Silêncio* une elementos de horror, de filmes com protagonismo feminino e de investigação policial — aqui executada pelo FBI. Cada um desses gêneros envolve maneiras distintas de retratar as ideias sobre razão, loucura, gênero, sexualidade e identidade que compõem o terreno temático do filme. Presa e caçadora, Starling aparece em diferentes disfarces de gênero dentro de cada uma dessas atuações sociais.

Quer Starling seja uma renegada em uma época em que o policial solitário não parece mais ser viável, ou a figura andrógina e combativa que Carol J. Clover chama de *final girl** dos filmes *slasher*, *O Silêncio dos Inocentes*, uma narrativa de rito de passagem centrada em uma protagonista mulher, é uma raridade na ficção cinematográfica norte-americana contemporânea. Além disso, o filme também é um retrato bem feminino, tanto nas manifestações góticas quanto nas contemporâneas do gênero. Na sua forma mais básica, pode ser definido como um filme com uma protagonista mulher que lida com questões relacionadas às mulheres e à vida das mulheres e que, finalmente, privilegia o ponto de vista de uma mulher. O roteiro de Ted Tally se concentra em Starling, enquanto Demme destaca consistentemente o ponto de vista feminino

---

* Termo cunhado por Carol J. Clover no livro *Men, Women, and Chainsaws: Gender in the Modern Horror Film*, publicado em 1992, para se referir à última mulher sobrevivente de um grupo ao final de um filme de terror, especialmente do subgênero *slasher*.

no modo como filma e dirige as cenas. Entrevistado na época do lançamento de *Silêncio*, Demme enfatizou o lugar do filme dentro da herança cinematográfica no que diz respeito ao protagonismo feminino:

> Desde meus dias trabalhando com Roger Corman, e talvez até antes disso, desenvolvi uma obsessão por imagens femininas. Falo de filmes que tenham uma mulher como principal protagonista. Uma mulher em perigo. Uma mulher em uma missão. Esses são temas que me atraem tremendamente, como cinéfilo e como diretor.[11]

Os filmes com mulheres protagonistas da década de 1940 giravam em torno de um conflito chocante, que costuma resultar em uma escolha entre a carreira da protagonista, ou talvez sua independência, e as possibilidades de um romance. Mais recentemente, os filmes com protagonismo feminino evitaram esse tipo de conflito, centrando-se fortemente na amizade ou no romance feminino, com o trabalho e a carreira aparecendo como pouco mais que um pano de fundo.[12] Para Jeanine Basinger,[13] a imagem clássica da mulher tem pouco a ver com o cenário ou com o gênero, como é com frequência entendido — a cruel *Gilda* (Estados Unidos, Charles Vidor, 1946) e a pirata Anne de *A Vingança dos Piratas* (*Anne of the Indies*, Estados Unidos, Jacques Tourneur, 1951) podem ambas ser chamadas de "pinturas femininas" dentro de sua própria definição do papel da mulher. Ou seja, o filme com protagonismo feminino não deve ser simplesmente baseado em melodrama ou em um cenário doméstico. No entanto, em quase todas as suas versões, a imagem da mulher envolve algum tipo de romance, algo que *O Silêncio dos Inocentes* parece deixar de lado de maneira deliberada. Em um gênero onde o perigo vivenciado por mulheres é repetidamente sinalizado de forma sexualizada, *Silêncio* evita qualquer tipo de violência erotizada. Em vez disso, seguimos a luta de Starling para estabelecer sua identidade, para fazer as pazes com seu passado, enquanto vive seu rito de transformação. Essa restrição é ainda mais surpreendente porque o filme gira em torno da busca por identidade de Buffalo Bill, que utiliza, para tal, corpos de mulheres jovens.

Entre os estudos sobre masculinidades perversas e heroicas aos quais tem sido comparado — *Seven: Os Sete Crimes Capitais* (*Seven*, Estados Unidos, David Fincher, 1995), por exemplo, ou *Caçador de Assassinos* (Estados Unidos, 1986) —, apenas *O Silêncio dos Inocentes* mobiliza plenamente a convincente figura de uma investigadora. Seu rito de passagem começa com Starling como uma estagiária enviada por Crawford em uma "tarefa interessante" e termina com seu triunfo sobre Buffalo Bill e o resgate de Catherine Martin. Por sua vez, a jornada dela é contrastada com as perversas tentativas de transformação do assassino. Apesar desse enredo, é o tipo surpreendente de normalidade de Starling/Foster que o filme enfatiza: humilde, porém atraente, talentosa, porém inexperiente, ela luta tanto para entender a mente de um assassino quanto para não ser marginalizada dentro das instituições de aplicação da lei e da ordem. O excesso — e até a histeria — é reservado para os psicopatas masculinos do filme. B. Ruby Rich descreve a persona de estrela de Jodie Foster de forma precisa, caracterizando-a como um "extraordinário comum — um hiper-realismo de caráter que mistura traços de classe e atributos de gênero em uma força singular, mesmo que vulnerável".[14] Essas características são adequadas ao papel de Foster em *O Silêncio dos Inocentes*. No filme, vemos Clarice Starling em ambos os extremos da experiência, desde a mais mundana e cotidiana até a mais fantástica e perigosa.

Mas será que focar a trama na jovem investigadora torna o filme transgressor de alguma forma? Talvez, mas não da maneira mais óbvia. Qualquer que seja o significado do termo, *O Silêncio dos Inocentes* não é de forma alguma um filme feminista. Leve em consideração a articulação da feminilidade como ambição perversa em relação a Buffalo Bill, por exemplo. Questionado sobre o assunto, Demme foi ambíguo: "Gostaria que *O Silêncio dos Inocentes* fosse o retrato de uma mulher. Isso é vagamente subversivo? Sinceramente, não sei".[15] No entanto, o filme revigorou a carreira cinematográfica de uma personagem já consolidada como figura de fascínio na literatura popular: o da investigadora policial. Figura habilidosa e às vezes até poderosa dentro das instituições de aplicação da lei, a agente policial se depara com obstáculos bem diferentes daqueles enfrentados por seus colegas do gênero masculino. O mais fundamental desse tipo de história é que essas protagonistas precisam convencer os demais personagens de suas habilidades e/ou de sua legitimidade repetidas vezes, assim como Starling se esforça para fazer durante todo o filme. Apesar das façanhas heroicas das protagonistas literárias de grande sucesso como V.I. Warshawski de Paretsky, Kay Scarpetta de Cornwell, e, mais recentemente, Temperance Brennan de Kathy Reichs, o papel de Starling é excepcional em termos cinematográficos. Nos anos desde seu lançamento, o papel de Foster atraiu tanto interesse quanto o carismático Lecter. No entanto, no mesmo período, praticamente nenhum outro filme popular de destaque apresentou uma detetive que operasse sozinha como Starling o faz.[16] O anterior *Jogo Perverso* (*Blue Steel*, Estados Unidos, Kathryn Bigelow, 1989), no qual Jamie Lee Curtis aparece como uma policial novata à caça de um assassino serial que acaba se revelando seu próprio namorado, parecia prenunciar um tipo de figura feminina cuja carreira cinematográfica nunca seria totalmente realizada.

Não faltam filmes com mulheres investigadoras — tanto profissionais quanto amadoras — em duplas de parceria, e muitos desses filmes mostram a influência de *O Silêncio dos Inocentes*: Holly Hunter e Sigourney Weaver em *Copycat: A Vida Imita a Morte* (*Copycat*, Estados Unidos, Jon Amiel, 1995), por exemplo, Denzel Washington e Angelina Jolie em *O Colecionador de Ossos* (*The Bone Collector*, Estados Unidos, Phillip Noyce, 1999) ou ainda Mulder e Scully na série de televisão *Arquivo X* (*The X-Files*, que estreou em 1993).[17] A capa do DVD de *A Cela* (*The Cell*, Estados Unidos, Tarsem Singh, 2000) cita um resenha da revista *Vogue*: "Jennifer Lopez brilha em thriller psicológico ao estilo de *O Silêncio dos Inocentes*". Quase dez anos depois do filme de Demme, a figura do serial killer tornou-se, ao que parece, um assunto tão aceitável a ponto de reforçar a estratégia de marketing de um lançamento de verão: o slogan de *A Cela*, "Neste verão... entre na mente de um assassino em série!", ilustra perfeitamente esse aspecto.[18] Sem dúvida há algumas semelhanças entre *Silêncio* e *A Cela*, uma vez que ambos mostram o labirinto da mente do assassino como o equivalente gótico da velha casa escura e assustadora. No entanto, a *mise-en-scène* do segundo filme é completamente erotizada, enquanto a primeira parte do filme dramatiza a necrofilia ritualística do assassino. Além disso, embora a psicóloga infantil interpretada por Lopez, Catherine Deane, entre sozinha no inquietante espaço da mente do assassino, ela logo fica fascinada por seu mundo visualmente fetichizado, precisando do policial interpretado por Vince Vaughn para despertá-la. Uma das imagens mais reproduzidas pelo marketing do filme retratava Deane/Lopez transformada em uma espécie de sereia.

A série britânica *A Principal Evidência* (*Prime Suspect*), roteirizada por Lynda La Plante e exibida pela primeira vez em 1991, fornece um ponto de referência muito diferente para *Silêncio*. Protagonizada por Helen Mirren como a durona inspetora-chefe Jane Tennison, a série tem seu principal foco dramático centrado na caça a um sádico serial killer, interpretado por John Bowe como uma figura cortês, de inegáveis boas maneiras — essa capacidade de desaparecer no cotidiano caracteriza de maneira precisa a ideia do assassino em série como o estranho que vive e se esconde entre nós. *A Principal Evidência* rendeu a Mirren um BAFTA de Melhor Atriz, e várias sequências se seguiram, sendo a televisão o veículo perfeito para histórias em série, como o cinema um dia já foi. Mas, ao contrário da estagiária Starling, Jane Tennison é uma figura de autoridade forte, já investida nas instituições patriarcais de aplicação da lei dentro das quais ela luta para ter sucesso.

Apesar de acumular alguns sucessos na telinha, o cinema parece relutante em deixar a protagonista investigadora trabalhar sozinha. Assim, se *O Silêncio dos Inocentes* faz uso amplo da estrutura de histórias de exploração feminina, como sugere Carol J. Clover,[19] ele também se baseia fortemente em outras fontes, como a ficção policial, por exemplo. Por sua vez, o repertório do qual o filme se valeu, e que também ajudou a estabelecer, repercutiu na ficção e na televisão. Orion Pictures, a empresa que produziu *Silêncio* — e que faliu antes de sua vitória no Oscar —, fez sucesso na década de 1980 com a série policial de longa duração, voltada para mulheres, *Cagney & Lacey*. Talvez não seja surpreendente que, para aqueles críticos norte-americanos de *O Silêncio dos*

A Cela *(2000): o mundo de fantasia do assassino transforma a psicóloga Catherine Deane (Jennifer Lopez) em uma* femme fatale

Inocentes, que enfatizaram o papel investigativo de Starling, não tenha sido o cinema, mas Nancy Drew — heroína aventureira e elegante da ficção popular e, posteriormente, da televisão — a fornecer um ponto de referência ao papel de Foster.[20]

Dos filmes que se seguiram, *Copycat: A Vida Imita a Morte* é o que mais se parece com *O Silêncio dos Inocentes.* As duas protagonistas femininas, a descolada policial de São Francisco de Holly Hunter e a agorafóbica psicóloga criminal de Sigourney Weaver, fazem o papel de vítimas/investigadoras do assassino em série Peter Foley, um personagem que reconstrói crimes de assassinos anteriores. Outras películas, como *Seven: Os Sete Crimes Capitais, Beijos que Matam* (*Kiss the Girls*, Estados Unidos, Gary Fleder, 1997) e sua continuação, *Na Teia da Aranha* (*Along Came a Spider*, Estados Unidos, Lee Tamahori, 2001), *O Colecionador de Ossos* e *A Cela,* seguem esse desenvolvimento típico. Em cada caso, o drama gira em torno de uma mistura potente de horror e psicologia com a identidade do assassino sendo perseguida por meio do que é, na verdade, um intrincado quebra-cabeça.

Como um filme de *horror* de alto orçamento, o sucesso de *O Silêncio dos Inocentes* apontou uma mudança pela qual o gênero passou nos Estados Unidos durante a década de 1990, tornando-se cinema *mainstream*. Se o filme e a campanha de marketing que o promoveu alcançaram

Mulheres investigadoras: Weaver e Hunter em
Copycat: A Vida Imita a Morte *(1995)*

tanto prestígio quanto emoções intensas, as possibilidades de exploração futura sempre estiveram presentes. Sobre o conteúdo sórdido do filme, Daniel O'Brien ironicamente sugeriu que "até Roger Corman... provavelmente traçaria uma linha de demarcação aqui".[21] Jonathan Demme, é claro, teve sua primeira chance de dirigir sob a batuta da produtora New World, de Corman, estreando ainda em 1974 com um filme sobre mulheres na prisão, *Celas em Chamas (Caged Heat*, Estados Unidos), enquanto o próprio Corman aparece brevemente em *Silêncio* como o diretor do FBI Hayden Burke. Tanto o enorme sucesso comercial do filme de Demme quanto sua credibilidade junto aos críticos redefiniram sutilmente o cinema comercial, sugerindo a viabilidade do alcance de um público de massa para um horror mais adulto. Claramente, *O Silêncio dos Inocentes* é um tipo de terror *mainstream* bem diferente dos inúmeros filmes paródicos voltados para adolescentes, mais comumente associados aos anos 1990, como *Pânico (Scream*, Estados Unidos, Wes Craven, 1996) ou *Eu Sei o que Vocês Fizeram no Verão Passado (I Know What You Did Last Summer*, Estados Unidos, Jim Gillespie, 1997). Se *Silêncio* abriu novos caminhos no *mainstream*, como estou sugerindo aqui, isso só aconteceu graças à sua distinta combinação de elementos de diversos gêneros fílmicos e seu tom de horror voltado a um público adulto e não a espectadores adolescentes.

Quando o romance *Hannibal* foi lançado com grandes expectativas em 1999, tratava-se de uma propriedade pré-vendida, rapidamente adaptada para a tela com Ridley Scott como diretor. Já a adaptação de *O Silêncio dos Inocentes* não foi um processo tão rápido e imediato. Embora o fracasso comercial da adaptação anterior de Harris, *Caçador de Assassinos*, sem dúvida tenha sido um fator, a dificuldade de trazer *Silêncio* para a tela nos leva diretamente à questão do gosto. Por incentivo do ator Gene Hackman, a Orion havia comprado os direitos do livro de Harris para ele próprio dirigir e possivelmente estrelar, mas Hackman acabou desanimado com a violência contida na história. Por mais surpreendente que pareça da perspectiva de hoje, Hackman não estava sozinho nessa opinião. O'Brien cita a frase de um executivo de estúdio do período: "Ninguém quer ver um filme sobre mulheres sendo esfoladas".[22] Michelle Pfeiffer, a primeira escolha de Demme para o papel de Starling, recusou o trabalho por, nas palavras do diretor, "achar o material forte demais para ela".[23] Jodie Foster, por sua vez, perseguiu com vigor a chance de interpretar a personagem. Um pouco antes, ela ganhara um Oscar de Melhor Atriz por sua atuação como Sarah Tobias, a aguerrida sobrevivente de um estupro coletivo em *Acusados* (*The Accused*, Estados Unidos, Jonathan Kaplan, 1988). Ironicamente, Foster também se recusaria a participar da sequência de *Silêncio*, dizendo sobre a personagem de Starling: "Eu nunca trairia uma pessoa a quem devo tanto".[24]

O foco na psicologia e na psicopatologia que tipifica *O Silêncio dos Inocentes* — o analista de perfis criminais como herói sombrio, o psiquiatra como anti-herói e o assassino em série como desajustado sexual — é uma característica do que hoje consideramos filmes sofisticados de terror e suspense. Carol J. Clover lamentou o que ela vê como o aumento da escala de *slashers* capitaneado por longas como *O Silêncio dos Inocentes*, que "chegam muito perto de serem películas de terror para yuppies* — bem feitas, bem encenadas e bem pensadas como versões

---

* Abreviação de "young urban professional" ("jovem profissional urbano"), termo usado principalmente nas décadas de 1980 e 1990 para descrever jovens profissionais bem-sucedidos, moradores de grandes metrópoles, cujo estilo de vida envolve gastar muito dinheiro.

Invisível, Buffalo Bill vigia Catherine Martin com seus óculos de visão noturna; o tenente Boyle transformado de forma grotesca

de histórias familiares com heroínas femininas vitimadas".[25] Para críticos como Clover, é justamente a respeitabilidade do filme que conta contra ele, pois *Silêncio* é, de alguma forma, muito contido e decididamente "de baixo risco".[26] Richard Dyer também contrasta *Seven: Os Sete Crimes Capitais* com o que ele chama de "representação forte demais"[27] encontrada em *Silêncio*. Só para deixar claro, não é meu propósito argumentar que o filme de Demme é de alguma forma mais corajoso ou culturalmente marginalizado do que se supunha até então. O filme não tem aspirações experimentais. Ele resiste com determinação à atmosfera sombria e urbana característica de tantos thrillers psicológicos que desesperadamente buscam elogios. No entanto, para o diretor Jonathan Demme, a "grande preocupação era evitar o típico suspense sombrio, porque histórias como essas, nas quais o policial solitário está rastreando o assassino aterrorizante, podem abusar de seus temas projetando longas sombras em vez de confrontá-las. Eu realmente não queria usar a prosa tradicional do thriller, da qual eu estava tentando me afastar".[28] Por outro lado, embora o filme desafie nossas expectativas de forma geral, Gavin Smith afirma: "Não há nada de moderno em *Silêncio*".[29]

O horror de *Silêncio* reside tanto nos personagens — Lecter e Bill — quanto nos cenários; o modo como a violência é exibida; e nas suas consequências. Em termos de horror, Lecter é uma figura maligna um tanto singela, para não dizer simpática. A própria premissa do filme — o medonho projeto de Buffalo Bill — é horrenda. "Seja o que for", escreve Clover, "Bill é irmão direto de Norman Bates, Leatherface, Jason, Mark (de *Peeping Tom*) e de todo o resto: um homem que é adulto de uma perspectiva física, mas uma criança em sua interioridade, um homem ainda aprisionado ao abraço de sua mãe".[30] Por outro lado, a trajetória de Starling está bastante alinhada à formulação de Clover de *final girl* como heroína-vítima. A sugestão de horror na sequência de abertura do filme é igualada pelo confronto de Starling no porão com Bill/Gumb, enquanto ele a persegue na escuridão com a ajuda de óculos de visão noturna, o mesmo que ele usara anteriormente para espionar Catherine. Na cena, pela primeira vez, o filme abandona o ponto de vista de Starling; em vez disso, nós a vemos através dos olhos do assassino, tateando na escuridão. Tanto o porão de Bill quanto o hospital psiquiátrico em que Lecter é mantido são inconfundivelmente cenários de ambientação gótica, embora a aparência do filme como um todo seja muito mais cotidiana, por vezes até naturalista. Enfatizar, como o filme faz, os pequenos detalhes e pistas que compõem o meticuloso processo de coleta de evidências ao lado de seus detalhes cotidianos — nas cenas em torno da casa de Bimmel, por exemplo, ou da funerária na Virgínia Ocidental — aproxima *Silêncio* mais do gênero investigação policial do que do terror.

William Blake, "The Great Red Dragon and the Woman Clothed with the Sun" (1806-9, Brooklyn Museum, Nova York)

Em contraste, a violência do ataque de Lecter ao tenente Boyle e ao sargento Pembry evoca o gênero *slasher*, assim como a encenação grotescamente teatral de suas mortes, resultando na extrema opulência sangrenta da cena que Lecter deixa em seu rastro. A breve cena na ambulância, a piada da fuga em que Lecter arranca o rosto ensanguentado de Pembry para revelar seus próprios lábios igualmente vermelhos, abertos em um aparente sorriso, também é um momento de puro terror, pois vemos a ameaça diante da infeliz vítima em um duplo golpe dramático. Porém, esse é um *slasher* de arte: Boyle é transfigurado em um anjo, preso às barras da cela improvisada de Lecter, com seu corpo aberto para nossa própria inspeção. Outra criatura alada, o corpo cuidadosamente arranjado de Boyle ecoa a cena em que Buffalo Bill, usando o cabelo de outra pessoa como Lecter usará o rosto de outra pessoa ao escapar, se apresenta para a câmera. Quando ele levanta o envoltório colorido que recobre seu corpo, ele se transforma em uma espécie de borboleta. Se Boyle é transformado em anjo ou borboleta, o *tableau* criado por Lecter ao escapar também é uma espécie grotesca de crucificação. De fato, *Silêncio* explora uma tradição de iconografia religiosa sombria que se estende de Hieronymus Bosch a William Blake — este uma figura essencial para Harris —, além de Francis Bacon, a inspiração imediata de Kristi Zea para a bizarra cena da fuga de Lecter.[31]

Em um filme de edição e close-ups cheios de suspense, essa é uma das poucas cenas em que a câmera se afasta em vez de se aproximar (as outras instâncias mais impressionantes se concentram em Starling: um ponto de vista de perseguição é usado enquanto ela é levada para longe da cela de Lecter em Memphis; a câmera também se afasta de um close da arma de Gumb sobre o fogão fora de sua vista e, finalmente, de seu rosto chocado enquanto ela repete o nome de Lecter ao telefone). Vislumbrado primeiro através das vidraças da porta de vidro fosco, depois visto por meio das reações faciais da polícia de Memphis e de um close-up extremo, o corpo de Boyle é artisticamente apresentado para nós por Lecter e Demme. Talvez o movimento da câmera também seja uma pista ou um desvio de nossa atenção, sugerindo que podemos estar olhando para o lugar errado. O cadáver espetacular de Boyle domina a cena de tal modo que desvia a atenção do corpo no chão — que supomos ser Pembry, mas que é, na verdade, Lecter vestindo não apenas o uniforme de sargento, como também seu rosto. Como isso pode sugerir, a cena de crime em *Silêncio* representa tanto um enigma a ser decifrado quanto um cenário típico de horror.

Enquanto o horror recorre ao mal e ao sobrenatural, a narrativa policial centra-se na interpretação lógica e conduz-nos à explicação ou decifração. Nesse sentido, as diferentes maneiras como o filme trata seus dois assassinos em série são, pelo menos em parte, ditadas por convenções de gênero. É verdade que Buffalo Bill é uma figura monstruosa, permanecendo um tanto inexplicável, mas não há nada de sobrenatural nele como há na misteriosa figura de Lecter. Em outra direção, a descoberta e análise de pistas e evidências físicas estruturam a narrativa investigativa do filme. Pense, por exemplo, na descoberta da cabeça de Raspail, no exame do corpo da vítima da Virgínia Ocidental, nas fotografias de cena de crime e nas viagens ao Smithsonian Institution: tudo se encaixa no molde investigativo. No entanto, a igual, se não maior, importância dada à evidência psicológica — traçar o perfil do assassino, entender ou mesmo intuir sua motivação — sugere um foco ligeiramente diferente, muito associado a Harris e ao suspense contemporâneo.

O Silêncio dos Inocentes não é apenas um filme particularmente cheio de diálogos. Também é um filme sobre o qual se fala muito. Grande parte dessas conversas giram em torno de questões de representatividade política (Buffalo Bill é gay, implícita ou explicitamente? Clarice é um modelo a ser seguido?) e na ética da representação da violência (Lecter é tão atraente pois visa nosso próprio conforto como espectadores?). E parece claro que essas questões importavam tanto para os críticos porque *Silêncio* era, de muitas maneiras, um filme de grande prestígio, um empreendimento artístico de orçamento médio com estrelas conhecidas e respeitadas que estava potencialmente se degradando, movendo-se para o território do cinema *exploitation*.* Na Hollywood clássica, os

---

* Gênero cinematográfico que abrange filmes de baixo orçamento e fora da indústria, caracterizados por doses maiores de extrema violência, sexo, drogas e sanguinolência, entre outros elementos destinados a chocar ou repugnar.

estúdios consideravam certos projetos como filmes de prestígio. Essas películas eram frequentemente adaptadas de uma fonte bem conceituada, seja Shakespeare, Tennyson ou mesmo um romance best-seller como *E o Vento Levou* de Margaret Mitchell — não sendo tão comum a esses projetos, notem bem, gêneros como terror ou policial. Como escreve Tino Balio, o filme de prestígio "não era exatamente um gênero". Em vez disso, o termo se relacionava com "valores de produção e tratamento de promoção".[32] *O Silêncio dos Inocentes* teve um orçamento mediano quando comparado a outros filmes do período. Com seus 22 milhões de dólares de custos de produção, ele certamente não era um *Cleópatra*, embora a analogia não esteja de todo errada. Por outro lado, sendo uma adaptação de alto interesse, caracterizada pela complexidade narrativa e temática, o filme se beneficiou de uma campanha publicitária que prometia terror e psicologia em medidas iguais. Visando um público adulto de classe média não tipicamente associado ao gênero de terror, pelo menos até certo ponto, *Silêncio* pode ser definido como um contemporâneo "filme de prestígio".

É claro que o fato de *O Silêncio dos Inocentes* ter sido visto como um filme de grande importância cultural tem muito a ver com seu enorme sucesso comercial. O filme estabeleceu recordes de bilheteria, arrecadando mais de 130 milhões de dólares. Talvez por razões óbvias, afinal, filmes malsucedidos raramente são tidos como sintomáticos e importantes da maneira que *Silêncio* o foi na época de seu lançamento. De maneira previsível, e apesar de todos os elogios que o filme recebeu, as reservas tendiam a se concentrar na questão de quanta distância havia entre o *Silêncio* e explorações visuais mais óbvias do terror. Alguns desdenharam imediatamente do filme, taxando-o de cinema *exploitation* para classe média. No entanto, *O Silêncio dos Inocentes* foi amplamente bem recebido pela crítica, que elogiou o tom sério das cenas e a abordagem culta do assassinato em série, bem como a construção cuidadosa do suspense e a qualidade das atuações. Alguns meses antes de vencer o Oscar de 1992, *Silêncio* foi uma das sensações do *New York Film Critics Circle Awards*, ganhando Melhor Filme, Melhor Diretor, Melhor Ator e Melhor Atriz. Outros prêmios, como o Urso de Prata no Festival

Anunciado como uma elaborada obra de gênero

Internacional de Cinema de Berlim, serviram para destacar a força das atuações centrais do filme, bem como sua reputação como uma complexa obra de gênero.

Mark Seltzer tem se dedicado a identificar uma "mistura peculiar de intenções morais e selvagens" no "fascínio da mídia pelo assassinato em série".[33] Certamente, o sucesso de *Silêncio* desencadeou tanto o fascínio pelo carismático Lecter — e pelo canibalismo em geral — quanto algo que se aproxima do pavor quanto aos efeitos possíveis de sua trama. A questão em relação a *Silêncio* passou a ser de tom: que tipo de mensagem o filme estava passando? Seu sucesso foi emoldurado por dois outros projetos escandalosos sobre assassinos em série, o romance de Bret Easton Ellis, *Psicopata Americano* (*American Psycho*), e o lançamento há muito adiado do ousado filme de baixo orçamento *Henry, Retrato de um Assassino* (*Henry, Portrait of a Serial Killer*, Estados Unidos, John McNaughton, 1986). Os críticos consideraram *Silêncio* perturbador por dois motivos. Primeiro, pela associação — personificada por Buffalo Bill — que o filme promoveria "entre homossexualidade e patologia, entre

Um slasher sofisticado

perversão e morte".[34] Segundo, pela sensação inversa de que o filme celebrava Lecter apesar de sua violência, uma celebração considerada moralmente inquietante e bastante esnobe, já que Lecter é, de maneira bastante explícita, codificado como "culto" em contraste com o "inarticulado lixo branco" representado por Buffalo Bill. Alguns elogiaram *O Silêncio dos Inocentes* pela representação de uma protagonista mulher complexa e autônoma — a crítica do *Village Voice,* Amy Taubin, provou ser uma defensora convincente e poderosa da película[35] — enquanto outros acharam a caracterização de Starling problemática. Assim, embora *Silêncio* fosse amplamente lido como sintomático, os críticos discordavam sobre o que era sintomático nele ou sobre ele.

As acusações de homofobia podem não ter prejudicado a bilheteria do filme de Demme, mas tiveram um efeito significativo em uma geração de críticos que debateriam nos anos seguintes tópicos como sexualidade e representação. Algumas semanas após o lançamento nos Estados Unidos, o mesmo *Village Voice,* em um artigo de subtítulo um tanto ambicioso — "Entendendo a Política Sexual de um Controverso Filme" —, convidou um grupo diversificado de escritores para comentar a película. Amy Taubin e Martha Gever responderam de forma severa a uma crítica (de Ron Rosenbaum, publicada em *Mademoiselle*) que declarava

O Silêncio dos Inocentes prejudicial às mulheres. Por outro lado, Larry Kramer e Stephen Harvey sugeriram que o filme causaria danos incalculáveis aos gays, seja em termos de autoestima ou de ataques por parte de outras pessoas. "Caso esse filme incite algum homofóbico crédulo e escondido por aí a resolver suas questões nas ruas, Lecter e Gumb não serão os únicos com sangue nas mãos", escreveu Harvey.[36] Em uma época de grande ativismo *queer* alimentado pela raiva da inação do estado em relação ao HIV e à AIDS — um momento que também gerou o que B. Ruby Rich chamaria de novo cinema *queer* —, a crítica de *O Silêncio dos Inocentes* foi bastante tradicional: uma defesa de seus elementos mais positivos. De qualquer forma, foi o próprio status do filme como "de gênero sofisticado" que fomentou uma campanha raivosa e inteligente em torno da sexualidade e da representação *mainstream*.

Não faz sentido apenas ignorar a dor das pessoas tão somente para afirmar que os críticos gays do gênero masculino que consideraram o *Silêncio* homofóbico estavam de alguma forma equivocados. No entanto, vejo poucas evidências de que homens gays projetavam a si mesmos em um personagem como Buffalo Bill. Muito pelo contrário, o medo era justamente que outros pudessem ver a sexualidade masculina gay a partir dessa imagem desviante. Naquele momento, a questão não era o reconhecimento em si, mas o falso reconhecimento que estava em jogo em relação a *Silêncio*, uma dinâmica que podemos comparar ao filme *Instinto Selvagem* (*Basic Instinct*, Estados Unidos, Paul Verhoeven, 1992), lançado no ano seguinte. Embora controverso — e de fato alvo de protestos de ativistas lésbicas e gays — por sua heroína bissexual assassina, o filme ainda assim atraiu o apoio fervoroso de pelo menos algumas espectadoras lésbicas.[37]

Embora existam outros marcadores do desvio de Buffalo Bill em *Silêncio*, como as suásticas em seu porão, por exemplo, sua perversidade certamente está ligada ao gênero. Sua misoginia — ele trata mulheres como objetos, preferindo se dirigir a Catherine apenas indiretamente como "isso" — é a de um mundo mais amplo. Como a identidade sexual e a identidade como um todo são tão importantes do filme, não é de se surpreender que esse aspecto tenha chamado tanta atenção. Para muitos críticos, o filme de Demme carecia da complexidade do romance de Harris ao retratar Buffalo Bill. Em vez disso, o longa parecia voltar-se para imagens de desvio de gênero e da identidade masculina gay como psicopática, além de efeminado. Essencialmente, trata-se de uma questão de perspectiva, em que de um lado temos a complexidade das palavras e, de outro, a suposta simplicidade das imagens. A prosa meticulosa de Harris é definida como antagônica aos signos e elementos visuais do filme: o piercing do mamilo, o poodle, os balidos. As diversas imagens do filme, embora inegavelmente impressionantes, polarizaram os críticos. Homens gays e feministas, ambos tipicamente críticos extremados das imagens de poder e dominação, viram-se em desacordo sobre o significado de *O Silêncio dos Inocentes*, lendo a película de múltiplas e distintas maneiras. Além disso, os críticos do filme se desencontraram de uma forma ainda mais pessoal e intensa. O liberal engajado Jonathan Demme não parece discutir mais *O Silêncio dos Inocentes*, e é notável a ausência tanto da voz dele quanto a de Jodie Foster do documentário incluído no DVD da Edição Especial.

Embora o debate tendesse a se concentrar principalmente na sexualidade, é o gênero, de muitas maneiras, o que fornece a chave para o desafiador significado político de um filme como *Silêncio*. Mesmo que possamos responder ao desenvolvimento de virtudes tradicionalmente masculinas de Starling, o filme, no entanto, emprega imagens grotescas conectadas tanto ao corpo feminino — o próprio conceito do traje feminino de Gumb, além das consequências viscerais dos corpos das vítimas — quanto com a feminilidade no próprio comportamento de Buffalo Bill.

Analisando os debates acerca do filme nos primeiros meses de seu lançamento nos Estados Unidos, Janet Staiger descobriu que as críticas mulheres apoiavam o filme e o papel de Foster/Starling de forma unânime. Nos anos que se seguiram, o longa recebeu muita atenção de escritoras feministas, bem como de interessados em representações de gênero e sexualidade e no cinema de horror como um todo. Do ponto de vista de algumas feministas, a controvérsia em torno da política sexual do filme foi de maneira efetiva e injusta deslocada para Jodie Foster, em uma fusão reveladora e curiosa do silêncio pessoal da atriz em torno de sua sexualidade com a suposta representação sexual equivocada do filme. Nessa interpretação, uma mulher forte está sujeita a acabar — como o cordeiro, de certa forma — sacrificada. Como observa Staiger, a preocupação parecia ser com Foster e não com Starling, com a vida da estrela de cinema e não com a personagem ou sua performance. O efeito resultante foi o de transformar uma figura heroica em uma figura vitimizada. Para B. Ruby Rich: "A campanha crítica [contra *Silêncio*] transformou a vida e a carreira [de Foster] em um sinistro prêmio, em um novo tipo de disputa ou concurso 'público' que parecia mais decidido a obter e revelar a pele dessa mulher em particular como troféu até mais do que as investidas de Buffalo Bill".[38] O desejo de descascar a imagem de um ator ou atriz para encontrar a verdade que estaria debaixo dela é, claro, um componente central não apenas do discurso das e sobre as estrelas, mas das ideias sobre identidade sexual. A tentativa de "expor" Foster representa um esforço alternativo e extracinemático para penetrar na pele dela, para consertar a identidade (ou qualquer outra).

Se os gays tinham bons motivos para se opor aos "gritos" de Buffalo Bill, as críticas feministas, acostumadas a escolher imagens de mulheres no cinema convencional, certamente tinham motivos para se ressentirem com a maneira como as respostas a *Silêncio* ignoravam tanto sua protagonista feminina quanto suas vítimas femininas. Os sentimentos não esmoreceram um ano depois, quando o filme começou sua vitoriosa carreira de prêmios. Respondendo ao discurso de Jodie Foster no *New York Film Critics Circle Awards*, um escritor descartou de maneira desdenhosa sua perspectiva sobre Starling nesses termos: "Um a zero para o feminismo contra o orgulho gay".[39] Por outro lado, nem todos os críticos estavam convencidos de que Starling era tão "positiva" assim para o feminismo. Brian Jarvis, por exemplo, afirmou que, embora "à primeira vista, *O Silêncio dos Inocentes* possa parecer um território promissor à representação progressiva do feminino", o filme seria, em última análise, uma decepção, pois "a autonomia da agente Starling é continuamente comprometida, uma vez que cada uma de suas principais decisões é vista como determinada por suas relações com figuras de autoridade masculina". "Clarice" — como Lecter, os críticos (eu mesma

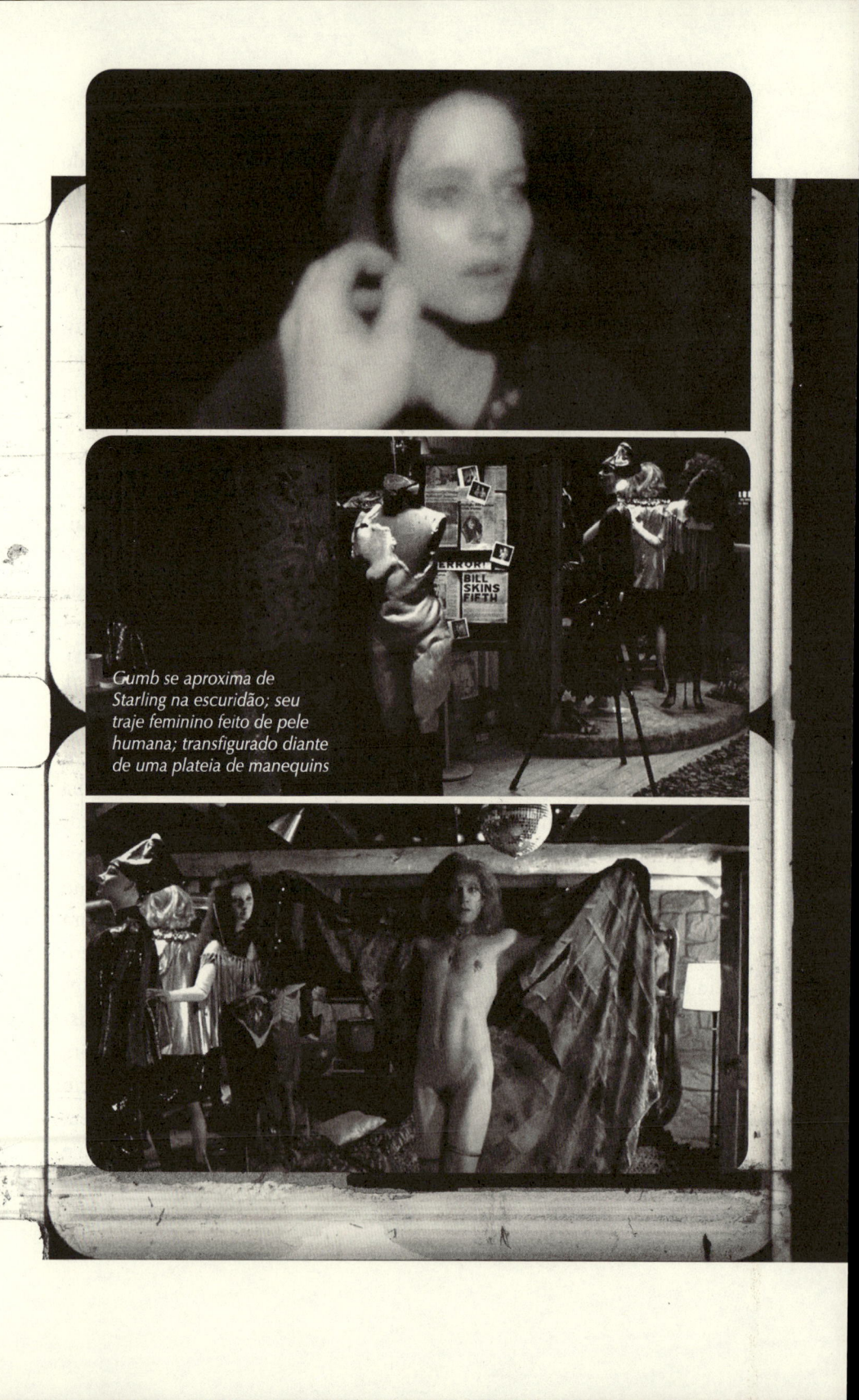

Gumb se aproxima de
Starling na escuridão; seu
traje feminino feito de pele
humana; transfigurado diante
de uma plateia de manequins

inclusa) parecem não resistir à tentação de usar seu primeiro nome em momentos nos quais supõem saberem o que está acontecendo dentro dela —, continua Jarvis, "se junta ao FBI para seguir os passos de seu querido papai falecido".[40] Caso encerrado, então? Por outra via, podemos lembrar que Clarice Starling não simplesmente segue, mas supera em sua carreira o pai falecido, que foi apenas um delegado do interior. "É um bom trabalho, não é? Ser agente do FBI? Viajar por aí e ver coisas, quero dizer, lugares melhores do que esse?", pergunta uma entediada Stacy Hubka a Clarice em uma singela farmácia em Belvedere. Em certo sentido, Starling escapou de suas origens, embora os críticos ainda fizessem o possível para acorrentá-la ao seu papai.

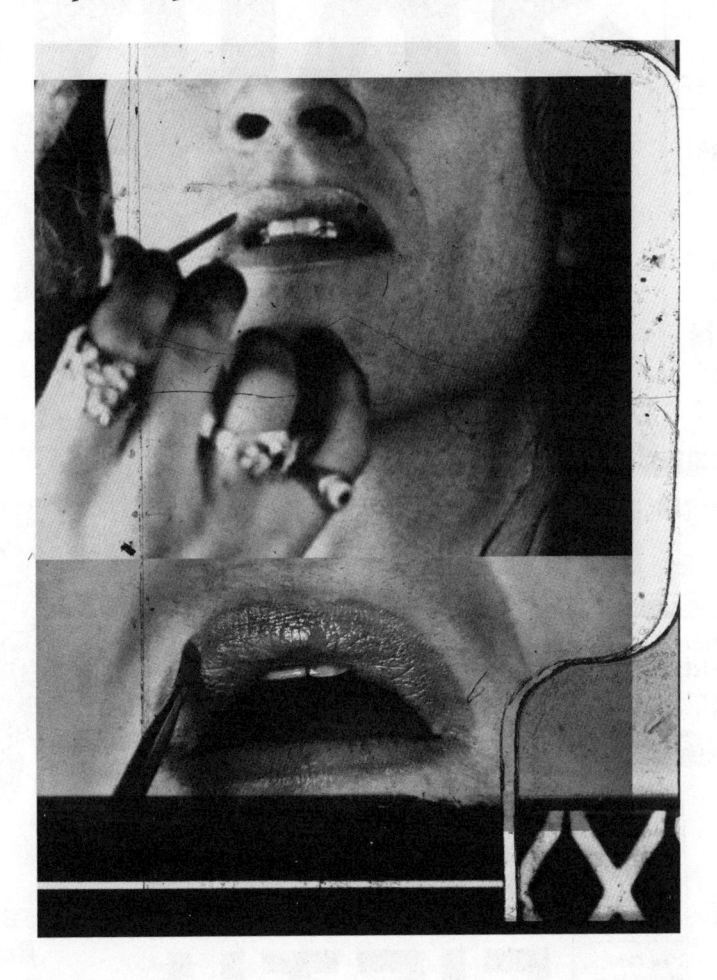

THE NATIONAL INQUISITOR

75¢

BILL SKINS FIFTH

Dr. Hannibal Lecter, a medical and society figure of Baltimore for many years has be charged in the brutal slaying of a museum curator at his home in Liberty Heights. Details surrounding the murder have been scarce, although reportedly acts of cannibalism were a factor in the death, including the somewhat fantastic report by eyewitnesses that the victim upon discovery. The victim later died at Lucky Strike Hospital of "unknown

---

TERROR!

Another 'Buffalo Bill' Victim
Experts Finding No Pattern
Seven States In Terror

BILL SKINS

SKINS FIFTH

FBI Links 'Skinn But Finds No P

Murder Across Three

Body Signals Are Your Keys To Happiness Page 2

New Cologne Makes Men Irresistible page 10

I Was A Wild Man Until I Met The Girl

Dr. Hannibal Lecter, a medical and society figure of Baltimore for many years has been charged in the brutal slaying of a museum curator at his home in Ramona Heights. Details surrounding the murder have been scarce, although reportedly acts of cannibalism were a factor in the death, but ...

CAPÍTULO 3

INVESTIGAÇÃO E DEDUÇÃO

"Bill Esfola Quinta Vítima": a manchete do *The National Inquisitor* na parede do escritório de Jack Crawford fornece ao espectador de *O Silêncio dos Inocentes* o primeiro vislumbre de Buffalo Bill, um assassino que passa a ser visto e nomeado pela natureza hedionda de seus crimes. As fotografias da cena do crime ao redor da manchete também oferecem a primeira apresentação que Clarice Starling terá das vítimas de Bill. Na verdade, vemos essas imagens por meio dos olhos dela, de certa forma; sua curiosidade casual enquanto ela observa o escritório de Crawford se transforma em uma expressão preocupada, um nítido nervosismo inscrito no rosto em choque e presente nos braços que caem ao lado do corpo. À medida que a câmera se aproxima, permitindo-nos perscrutar brevemente fotos Polaroid de corpos parcialmente esfolados, a sombria música orquestral ressurge. Os olhos mortos de vítimas femininas são justapostos a rostos sorridentes de outros retratos. A manchete "Bill Esfola Quinta Vítima", junto à outra notícia recortada de jornal — "Terror!" —, voltará a aparecer quando visitarmos o porão de Gumb. Depois que Starling o mata, a câmera dá um zoom para captar esse detalhe, sugerindo uma espécie de encerramento. Tal link visual não é

Jack Crawford incumbe Clarice Starling de uma tarefa interessante

coincidência, pois tanto o FBI quanto os assassinos que eles procuram colecionam e guardam recortes e manchetes. Em um nível mais aprofundado, *O Silêncio dos Inocentes* oferece uma espécie de paralelo entre a investigação oficial do FBI sobre o cadáver e a precisão de Gumb em esfolar suas vítimas. Ou seja, assassinos e detetives são ambos habilidosos em seus trabalhos, embora tenham maneiras diferentes de adentrarem peles alheias.

A evidência física está no centro da ficção investigativa: trata-se da tarefa de documentar e analisar impressões digitais, marcas de pneus, armas e outros objetos, além de imagens e corpos. A análise altamente especializada de evidências físicas tornou-se uma característica familiar das narrativas sobre crimes. Da mesma forma, as ficções policiais, que antes mostravam policiais lutando contra velhos computadores, agora usam as tecnologias da informação como elemento integrante da trama. Avanços como o teste de DNA ajudaram a diminuir a investigação padrão em prol de um tipo mais científico de procedimento policial, exigindo acesso a informações especializadas, como aponta Joyce Carol Oates.[41] De fato, descrições cada vez mais elaboradas da análise de armas (serras, facas, balas), de partes do corpo (ossos, dentes, pele) e de fluidos corporais (sangue, sêmen, saliva), sem contar fibras e impressões digitais, formam uma parte importante da ficção policial contemporânea.

O próprio patologista tornou-se um herói investigativo e, de forma geral, um muito mais *high-tech* do que o detetive médico-legista da série *Quincy M.E.* (NBC, 1976-83). Nessa mesma direção, a sala de autópsia tornou-se um cenário sombrio e uma presença constante em filmes e séries de televisão. O programa de TV *CSI: Investigação Criminal* (*CSI: Crime Scene Investigation*, CBS, 2000-15) é um exemplo disso, sobretudo por seu prazer em emparelhar técnicas científicas e análises minuciosas de evidências físicas ao trabalho investigativo intuitivo.

Em contraste com as intrincadas técnicas forenses da ficção policial dos últimos anos, *O Silêncio dos Inocentes* parece fazer uso de tecnologia ultrapassada, uma vez que nunca vemos Starling usando um computador, por exemplo, ou mesmo em um laboratório típico. O exame póstumo da vítima da Virgínia Ocidental é uma cena determinante para ilustrar a análise de evidências físicas. Essa é a única ocasião em que vemos uma das vítimas de Gumb ao vivo, e a cena funciona como uma das sequências mais memoráveis do filme. Anteriormente, salientei que *Silêncio* evita a estética desesperadora do gênero *noir* que *Seven: Os Sete Crimes Capitais* mais tarde empregaria à exaustão. "Vamos tornar este filme explícito e claro... Vamos permitir que o público veja tudo",[42] Demme lembra de ter falado a Tak Fujimoto. Aqui, "ver tudo" é menos sobre a representação da violência e mais sobre encarar as torpes consequências dos crimes de Bill. O corpo da mulher — a quem Lecter mais tarde se referirá severamente como "Miss Virgínia Ocidental" — está manchado e enlameado; folhas e outros detritos do rio se agarram à pele, que apresenta um estranho e desagradável brilho, proveniente da água ou da decomposição. Onde sua carne foi removida, vemos a gordura e o tecido que jazem sob a camada da pele.

O exame do corpo da vítima é uma imagem genérica, mas ainda assim poderosa. É claro que tais cenas nos confrontam com questões de mortalidade, mais especificamente com uma vida que foi abreviada, interrompida. O corpo — ela nunca é chamada pelo nome — é repulsivo e lamentável. Em uma espécie de naturalismo grotesco, vemos detalhes da deterioração física e da violência sofrida, ilustrada na mão e nas unhas quebradas, por exemplo — mais adiante veremos, com Catherine, marcas

Starling preserva uma evidência

de sangue e unhas quebradas fincadas na parede do poço de Buffalo Bill, o covil onde a mulher vitimada fora aprisionada antes dela. O foco nas reações de Crawford e das autoridades locais enfatiza o cheiro intenso do corpo em decomposição — a visão dos homens do FBI espalhando um unguento aromático sob as narinas nos prepara para isso. A resposta de Starling é menos direta, refletida nas portas de vidro de um móvel de canto. Quando se vira para ver o corpo, ela sussurra uma única palavra: "Bill". A perícia e os detalhes das evidências físicas presentes na cena, até mesmo os trabalhos elaborados de psicologia e construção de perfis, são o território da ficção policial e do procedimento investigativo,

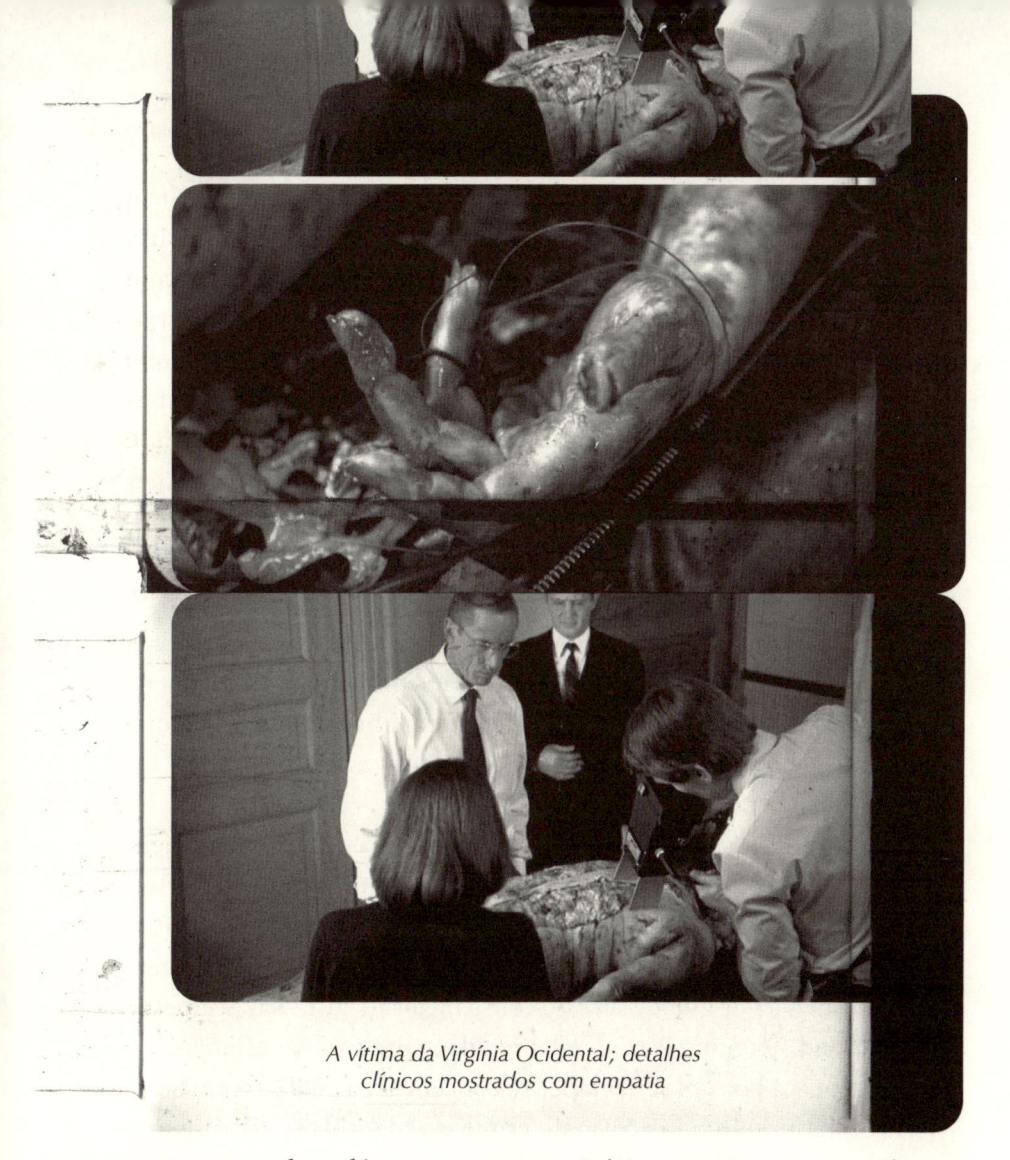

*A vítima da Virgínia Ocidental; detalhes
clínicos mostrados com empatia*

mas o exame do cadáver marca um território comum entre esse gênero
e o horror. Embora possa ser verdade, como escreve Barbara Creed, que
"[o] máximo em abjeção é o cadáver",[43] é difícil ver a vítima da Virgínia
Ocidental apenas como uma imagem de abjeção, talvez porque a capacidade de se preservar a humanidade de alguém é o que está em jogo,
permanecendo até na desapaixonada obrigatoriedade de se analisar os
detalhes de sua morte.

É Starling, cuja voz vacila quando começa a examinar o corpo, quem
intermedeia uma resposta emocional que vai além da repulsa. Seu papel como investigadora envolve a intensidade da empatia, embora a

demonstração de conhecimento forense a coloque em uma relação bem diferente com as vítimas cujos corpos e vidas ela interroga e investiga. Que relação, por exemplo, ela estabelece com as vítimas de Bill e com a mulher que espera salvar? O fato de esse corpo ter surgido na Virgínia Ocidental não é coincidência, pois o local serve como um lembrete das origens de Starling, sugerindo uma possível ligação entre duas mulheres aparentemente tão diferentes. Starling, que pode ler os sinais, é capaz de identificar de imediato que aquele é o corpo de uma mulher que mesmo na morte não se encaixa no padrão: "Ela não é das redondezas. Suas orelhas são furadas três vezes e há restos de esmalte com glitter em suas unhas, o que parece coisa de cidade grande, a meu ver". De maneira irônica, é a mulher que Starling salva que menos se parece com ela — a rica e loira Catherine Martin em contraste com a pequena mulher de cabelos castanhos que luta por reconhecimento. Além disso, o status de Starling como órfã contrasta com a mãe poderosa e influente de Catherine.

Embora *O Silêncio dos Inocentes* de Demme tenha sido frequentemente discutido junto de *Psicopata Americano* (*American Psycho*), de Easton Ellis, seu lançamento também ocorreu logo após a publicação de *Post Mortem* (*Postmortem*) de Patricia Cornwell em 1990. O primeiro de uma série de romances de grande sucesso com a médica-legista Kay Scarpetta, de Richmond, Virgínia, *Post Mortem* rapidamente ganhou aclamação e vendas. A busca por um serial killer se concentra na análise, com Scarpetta reconstruindo o histórico do crime e a identidade do assassino por meio da atenção meticulosa ao corpo da vítima e à cena do crime. Corpos são recolhidos em busca de vestígios ínfimos do crime, com os processos analíticos empregados sendo descritos de forma intrincada em cada estágio. Na ficção de Cornwell, a autópsia e a análise forense ocupam o centro do palco.

A autópsia também é uma muleta, se não um clichê, da série de televisão *Arquivo x* — algo explicitado em um episódio em que a série parodia suas próprias convenções —, com a agente do FBI Dana Scully (Gillian Anderson) cortando corpos com meticuloso cuidado e diagnosticando sem paixão alguma as causas naturais e não naturais das mortes. Descontraída e determinada, a especialista forense Sam Ryan (Amanda Burton) também trabalha na cena do crime e nas evidências corpóreas no sofisticado drama policial britânico *Silent Witness* (BBC, 1996). Parece haver algo bem poderoso na justaposição de mulheres profissionais e corpos, em uma exploração visual um tanto perversa das profissões de cuidado às quais personagens femininas há tanto tempo estiveram associadas.

O exame póstumo do corpo da Virgínia Ocidental é uma cena crucial de *O Silêncio dos Inocentes*, tanto no aspecto temático quanto narrativo. É a descoberta da mariposa que fornece um primeiro vislumbre do ritual de Buffalo Bill. Mas a sequência também é um divisor de águas em outro sentido, representando a inclusão de Starling na investigação — lembre-se de que ela foi oficialmente convidada a participar, embora continue atuando como uma mera estagiária. Caso não fique claro, o processo de exclusão e, em seguida, de reconhecimento nos é apresentado na sequência. Quando Crawford, o agente especial Ray Terry e Starling chegam à casa funerária, eles encontram resistência da polícia local. Crawford afasta um gélido xerife Perkins, insinuando que esse tipo de violência sexual não deve ser discutido diante de uma mulher. Starling é deixada isolada em uma antessala, em meio a policiais curiosos: enquanto a câmera gira, mais uma vez nos dando seu ponto de vista, eles olham fixamente para fora da tela, para ela. Em meio à cena caótica que se segue, que mostra os policiais da região segurando copos de isopor enquanto conversam distraidamente em torno do saco para cadáveres que contém a vítima mais recente de Bill, Starling finalmente se impõe. Educadamente, mas com firmeza, ela instrui os homens da lei a irem embora para que possam trabalhar. O corpo e as pistas que ele pode fornecer são, ao que parece, dela.

A característica mais óbvia entre Starling e a Scarpetta de Cornwell é uma combinação distinta de distanciamento profissional e intenso envolvimento pessoal. Sangue, vísceras e ferimentos cuidadosa e objetivamente registrados estão de um lado; a emoção e a poderosa empatia com as vítimas de violência — tipicamente femininas — estão de outro. As duas mulheres são investigadoras, embora de tipos diferentes,

Chilton confronta Starling

que canalizaram suas ambições em carreiras institucionais dominadas por homens. Uma diferença notória entre as duas está na posição de Scarpetta e no poder institucional voltado contra a juventude, a marginalidade e a inexperiência de Starling. No entanto, em *Post Mortem*, Scarpetta se identifica desconfortavelmente com uma vítima masculina de assassinato, descrita no início do livro como um jovem residente em cirurgia. Além disso, as lembranças do isolamento vivenciado durante seus anos de estudo — ela é uma advogada de prestígio, além de médica — são desencadeadas por seu tratamento nas mãos de políticos e policiais masculinos. "A sobrevivência era minha única esperança e o sucesso, minha única vingança", lembra ela.[44] Se o detetive particular de histórias de crime foi substituído pelo FBI e pelo CSI, a figura do investigador como forasteiro heroico continua sendo um marco do gênero, uma figura vulnerável o suficiente para sentirmos que ela (ou ele) está em perigo. Trata-se de um tipo de heroína ou herói que é humano o suficiente para encontrar seu caminho nas instituições austeras e nos campos complexos de conhecimento que formam a base das ficções criminais. Tanto Scarpetta quanto Starling são constantemente desafiadas; embora sejam figuras de autoridade em certo sentido, também devem batalhar por respeito. Nesse tipo de mundo, a especialidade e o sucesso profissional são armas necessárias. E, como veremos, a mobilização de tais temas em *Silêncio* é parte integrante de sua dívida para com filmes com protagonismo feminino.

Enquanto os detalhes médicos de filmes tradicionais produzem uma abordagem desapaixonada de um corpo humano em decomposição, com violências e mutilações registradas em termos clínicos, a voz a princípio abalada de Starling e as observações sobre a vítima como um indivíduo — os furos nas orelhas, o esmalte com glitter — indicam um interesse compassivo em vez de distanciado. Na verdade, o que essas cenas parecem comunicar é que uma descrição literal e empírica dos casos seria insuficiente para a tarefa de capturar o assassino. Lecter, por exemplo, incentiva Starling a olhar *além* das evidências físicas para o motivo por trás das ações de Gumb. Somente quando ela dá esse passo é que consegue se aproximar do assassino. Em *Silêncio*, não é o crime, nem mesmo a cena do crime, que está em destaque, mas a reconstrução de suas etapas e a tentativa de estabelecer o *motivo* para tal crime. A principal cena do crime que vemos encenada é a de Lecter, e não a de Bill, na forma da carnificina orquestrada que ele habilmente executa para mascarar sua fuga. A *mise-en-scène* do horror, seja ela apresentada no escritório de Crawford, na(s) cela(s) de Lecter ou no porão de Bill, mantém um status não apenas como espetáculo, mas como quebra-cabeças que deve ser codificado pelo público, se assim o desejar.

As pupas da mariposa — uma encontrada no interior da garganta da vítima da Virgínia Ocidental e outra descoberta na cabeça preservada de Raspail — representam uma evidência física. Aberta com precisão, a mariposa-caveira é identificada de imediato pelos entomologistas; o processo leva um pouco mais de tempo no romance de Harris. No entanto, a evidência apenas revela seu significado dentro de uma narrativa empática, ou seja, o desejo de Bill de se tornar outro ser e a função da mariposa como símbolo disso. Especulando sobre a origem do espécime, um dos entomologistas consultados por Starling observa: "Alguém criou essa coisinha, a alimentou com mel e erva-moura e a manteve aquecida. Alguém a amou". Lecter continua

A identificação da mariposa-caveira

com essa linha de pensamento informando a Starling: "O significado da mariposa é a mudança de lagarta a crisálida ou pupa, e daí em beleza". Como na arqueologia, objetos se tornam evidência passível tanto de análise física (datação de carbono, análise química) quanto de interpretação ou especulação. Não é apenas o analista criminal que oferece inquirições psicológicas ou que demonstra evidências de seu poder de discernimento.

Em seu delicado equilíbrio entre evidência física e intuição especulativa, *O Silêncio dos Inocentes* obviamente está de acordo com a ficção policial típica, um gênero no qual o jogo de razão e dedução — Holmes ou Dupin, digamos — é com frequência acompanhado por grandes doses de intuição. Além disso, a ficção policial raramente reluta em nos confrontar com o espetáculo da morte. Tanto a razão quanto o espetáculo violento estão presentes em Poe, por exemplo. Nele, temos a racionalização de Dupin de um lado e o excesso de horror gótico de outro. O conto "Os Assassinatos da Rua Morgue" apresenta tanto a natureza excessivamente "extravagante"[45] do crime — envolvendo mutilação e extrema violência cometida por um orangotango fugitivo — quanto os processos cuidadosos de raciocínio dedutivo pelos quais o investigador chega às suas conclusões.

Perto do clímax de *O Silêncio dos Inocentes*, toda a força do FBI, o que inclui um avião de alta tecnologia voando às cegas na direção errada, é contraposta ao vagaroso progresso de Starling em entrevistar a população de Belvedere, Ohio, sobre a vida interiorana de Fredrica Bimmel. "Não o teríamos encontrado sem você, Starling. Ninguém vai esquecer isso, muito menos eu", informa Crawford a ela antes de a ligação cair, com Clarice repetindo seu nome ao mudo sistema de discagem, o que antecipa, de certo modo, o final do filme quando Lecter faz sua ligação surpresa a ela do Haiti.

Essas imagens díspares do FBI em ação — trabalho de campo de baixa ou nenhuma tecnologia versus ataque maciço de alto aparato tecnológico — são unidas em uma espetacular sequência de edição paralela que engana o público. Tendo identificado Buffalo Bill como Jame Gumb, Crawford e sua equipe armada seguem para Calumet City, preparando-se para invadir a casa de Gumb. Enquanto isso, no porão de Gumb, a vítima Catherine Martin e seu algoz estão imersos em um impasse: Catherine atraiu a cachorrinha de Gumb, Preciosa, para dentro do poço ao qual está presa, exigindo um telefone do dono do animal. Enfurecido, Gumb pega sua arma e anda de um lado para o outro do porão subterrâneo, gritando em desespero. Forçado a se dirigir a Catherine como pessoa pela segunda vez, ele agora berra de forma ameaçadora: "Você ainda não sabe o que é dor!". Nesse momento de intenso confronto, a campainha toca. A transversalidade das cenas intensifica o suspense, pois somos levados a esperar um confronto armado entre o assassino e as forças do FBI. Em vez disso, quando Gumb finalmente abre a porta, é a diminuta figura de Starling que surge do lado de fora. Do outro lado do país, os homens do FBI invadem uma casa vazia — pelo menos no gênero suspense, armas em punho não necessariamente significam o fim da narrativa. Quando a câmera se aproxima do rosto de Crawford, este percebe imediatamente o perigo em que Starling está, sussurrando o nome dela naquele tom de voz íntimo mais uma vez. Em uma reversão repentina, Starling

*Starling chega na casa de Buffalo Bill no meio de uma
investigação de rotina... enquanto Crawford e seu time de
agentes se preparam para invadir uma casa vazia*

não é mais a figura marginalizada ou ignorada, encontrando-se agora no centro da ação. Essa sequência dramatiza bem a sensação de que Starling é e não é — ao menos, não por enquanto — integrante oficial da estrutura organizacional do FBI. "Você não é uma agente de verdade, é?", como Lecter dissera inicialmente. Além disso, a cena estabelece a base para a sequência final de Clarice em perigo no porão de Gumb, a parte do filme que mais explicitamente evoca o gênero horror.

Embora possamos associar firmemente esse confronto climático com o horror mais tradicional, *O Silêncio dos Inocentes* nos prende o tempo todo com uma narrativa que oscila com precisão entre investigação e dedução. Starling começa percorrendo os anagramas de Lecter: "Miss Hester Mofet" / "miss the rest of me" ("sinta falta do resto de mim"). Depois, quando Lecter nomeia Louis Friend como o assassino que estão procurando, apenas Starling duvida de sua palavra. Lecter identifica o desejo de Gumb — a "cobiça" — e pede a Starling que entenda isso dentro do contexto de sua própria vida, de sua experiência como objeto cobiçado. Ao ir para Belvedere, Starling segue a pista dada pelo doutor de que Gumb pode ter conhecido sua primeira vítima, Fredrica Bimmel ("Nós cobiçamos aquilo que vemos todos os dias"). Do manequim de costura na casa de Bimmel, ela deduz a natureza do empreendimento de Gumb. O vislumbre da padronagem descorada de borboletas no papel de parede fornece outra pequena pista. Tanto a mariposa como símbolo quanto a costura como meio sinistro para um fim se unem mais uma vez no breve e intenso momento em que Starling percebe que está na casa de Gumb. Olhando ao redor da sala enquanto ele a questiona sobre o andamento da investigação, seus olhos se deparam com uma mariposa que pousa em vários carretéis de linhas coloridas. Virando-se para encará-la, Gumb pergunta exatamente nesse momento: "Vocês têm uma descrição desse cara, alguma impressão digital, qualquer coisa do tipo?". Mas não foram todas essas evidências ou pistas que levaram Starling até ele. A mensagem é clara: embora a história culmine em um embate no escuro porão do assassino, capturá-lo é uma questão de compreensão. O que Starling precisa aprender é o poder da visão. Ou seja, ver e entender os menores e mais sutis sinais.

A empatia pode ser usada de maneiras distintas. Ela tem cadências diversas. Em *Caçador de Assassinos*, a capacidade de empatia de Will Graham costuma estar ligada a um tipo de juízo que encontra expressão na forma de se observar. Graham tateia a fantasia do assassino, reconstruindo seus movimentos e perscrutando seus pensamentos mais íntimos. Olhando de perto o monitor que reproduz imagens caseiras de uma família massacrada, Graham se dirige ao assassino ausente: "Você tirou as luvas para tocá-la, não foi? Não foi, seu filho da puta?". A percepção, a capacidade de ver e imaginar as fantasias do assassino, o leva a uma impressão digital parcial, tirada dos olhos e unhas das vítimas.

Em sua investigação, Starling simpatiza não com Buffalo Bill, mas com as vítimas. Ela entra em suas vidas. No romance de Harris, fica claro que a empatia de Starling é um tanto dúbia em relação à privilegiada Catherine Martin. Seus sentimentos são direcionados às mulheres grandes e de classes baixas que foram despojadas até mesmo de seus corpos que, assim como ela, não se encaixavam perfeitamente aos padrões sociais:

> Era Kimberly que a assombrava agora. A gorda e morta Kimberly, que usava brincos para parecer bonita e economizava para depilar as pernas. Kimberly, sem cabelo. Kimberly, sua irmã. Starling achava que Catherine Baker Martin não teria tempo para Kimberly. Agora elas eram irmãs sob a pele. [46]

A frase um tanto maliciosa do narrador de Harris pontua o envolvimento de Starling nesse caso de uma forma que o filme refuta. No longa, a empatia de Starling é centrada na vítima e, acima de tudo, trata-se de uma empatia compassiva. Em contraste, a imensa capacidade de Lecter para compreender o desejo e a experiência de outras pessoas é consistentemente usada para fins maliciosos. As observações de Lecter causam dor a Starling em seu primeiro encontro. "Sua percepção é aguçada, doutor", admite ela, e ele continua até levar Miggs à morte por meio de suas palavras. Seus comentários para a senadora Ruth Martin, uma zombaria lançada por trás da distorcida máscara monstruosa, são ainda mais desconcertantes do que aqueles direcionados à Starling, pois exploram o medo e a preocupação de uma mãe por sua filha. Depois de perguntar se ela havia amamentado Catherine, Lecter observa com frieza: "Ampute a perna de um homem e ele ainda pode sentir coceira nela. Diga-me, senadora, quando sua filhinha estiver na mesa de necrotério, onde sentirá a coceira?".

Caçador de Assassinos *(1986): a intuição do analista criminal Will Graham (William Petersen) o ajuda a perseguir o assassino*

Lecter como terapeuta monstruoso, invasivo e perspicaz

Dada a centralidade da investigação psicológica para a narrativa de *O Silêncio dos Inocentes* e a construção do perfil criminal como elemento quase místico dentro das ficções sobre o FBI, o interesse despertado por Lecter não está apenas no fato de ele ser uma figura atraente e repulsiva. Afinal, o psiquiatra já não é uma figura que adoramos odiar, ou pelo menos desprezar? Lecter, por sua vez, deleita-se em confirmar nossos piores temores sobre analistas ao improvisar uma ácida observação sobre o assassinato de um ex-paciente: "Foi melhor assim. A terapia

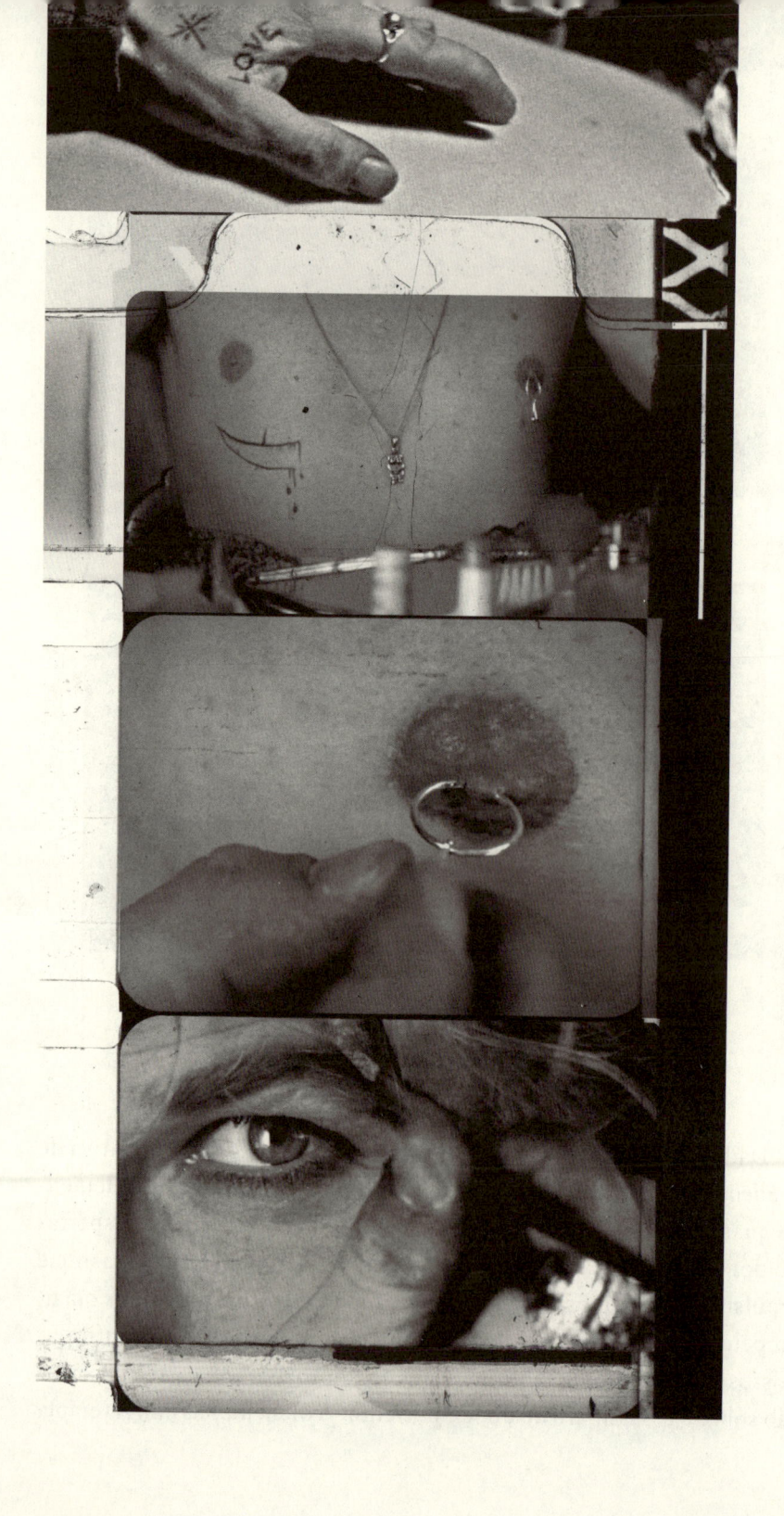

não estava dando em nada". Caracterizado como fraudulento em tantos filmes, o analista ainda assim fascina, prometendo autoconhecimento e compreensão. Para Harvey Greenberg, *Silêncio* parece preferível a outro grande filme de análise de 1991, *O Príncipe das Marés* (*The Prince of Tides*) de Barbra Streisand. Sobre Lecter, Greenberg observa: "Pode-se vê-lo exorcizar o trauma infantil de Clarice Starling e sua perda paterna, simbolizada por sua identificação com os cordeiros abatidos, com surpreendente empatia, mesmo que essas seções ainda aconteçam por trás das grades".[47] Apesar de Lecter agradecer a Starling por sua história e honestidade, todo o processo de sondagem sugere um prazer malicioso ao deleitar-se com a dor alheia, ao perscrutar memórias que foram escondidas com cuidado.

Embora ela veja através das ações de Lecter até certo ponto, Starling se esforça para entender a motivação de Gumb. Depois de ver o manequim de costura e o tecido cortado na casa de Bimmel, ela percebe que Gumb sabe costurar e que os pedaços de pele que ele tirou das vítimas pertencem a um intrincado padrão que resultará no traje de mulher que ele está confeccionando. No entanto, ela nunca expressa nenhum desejo de entender o *porquê* de Gumb fazer o que faz, de entrar em sua mente e compreender suas ações. É quase irônico que, já que o filme contrasta uma analogia sombria entre os dois, Gumb e Clarice, ambos personagens que anseiem por transformação. Apenas Lecter oferece algum tipo de explicação para os crimes de Gumb quando fala, ainda que brevemente, da incapacidade do assassino em entender sua própria identidade: "Billy não é um transexual de verdade, mas ele pensa que é. Ou, ao menos, ele tenta ser. Ele tentou ser muitas coisas, penso eu". Lecter também aborda questões sobre as origens da violência — genética ou criação —, sugerindo que Buffalo Bill teve uma infância traumática: "Nosso Billy não nasceu um criminoso, Clarice. Ele foi transformado em um após anos de abuso sistemático". Como Seltzer observa: "Abuso infantil — ferido quando criança, ferindo quando adulto — é um dos roteiros fundamentais para explicar o assassino em série".[48] Na ausência de mais palavras, como espectadores, ficamos em grande parte com imagens — e com o monstro do horror — nos quais basear a construção do perfil. E isso não é nada insignificante, dada a controvérsia que cercaria a apresentação que o filme faz de Buffalo Bill como um assassino perversamente feminilizado.

O FBI normalmente não é imaginado e mostrado em termos muito empáticos. Na verdade, a imagem mais comum do Bureau é bem mais conflitante, pois ele é estruturado por regras coletivas em vez de improvisações individuais. Vestido com elegância e um tanto impassível, com formação universitária e decididamente de classe média, o agente do FBI do cinema, quase que exclusivamente homem, é bem diferente do típico policial cinematográfico, que fica mais perto de um provável operário do que de um executivo. Tanto em *Dragão Vermelho* quanto em *O Silêncio dos Inocentes*, Harris recorre a uma versão bastante diferente do FBI, centrada na Unidade de Ciência Comportamental e na figura do analista de perfis criminais. As fontes de Harris para Jack Crawford, os agentes Robert Ressler e John Douglas — o último atuaria inclusive como consultor do filme —, publicaram relatos de seus trabalhos no FBI. Assim, como observa Seltzer, a imagem do perfilador criminal tem uma recorrência popular tanto na literatura policial estilo *true crime* quanto na ficção policial de gênero. Até certo ponto, os dois se complementam: "O caçador de mentes também funciona por um processo de simulação. Ele trabalha — como o protótipo de detetive de Poe, Dupin — uma das fontes de ficção criminal que Douglas cita, identificando-se com o assassino".[49] Como a própria esquisitice de Fox Mulder, o especialista em perfis criminais e suas estratégias de imaginação e identificação marcam uma ruptura com a imagem tradicional do agente do FBI.

A Scarpetta de Cornwell vê o perfilador criminal como mágico, um ente quase tão sobrenatural quanto os fenômenos — assassinos em série — que investiga: "Analistas criminais são acadêmicos, pensadores, investigadores. Às vezes penso que são mágicos".[50] Como fenômeno cinematográfico e literário, o perfilador criminal é um grande sucesso que deixa de lado o mundo "real". Embora não seja um analista criminal, o detetive Somerset (Morgan Freeman) de *Seven: Os Sete Crimes Capitais* também exemplifica esse tipo. Ele é, como observa Dyer, "o lugar de sabedoria dentro do filme", dada a "importância que ele atribui às pistas"

O analista criminal: a psicóloga criminalista Helen Hudson em Copycat: A Vida Imita a Morte *(1995)*

e ao fato de "sua interpretação delas estar correta. Em termos narrativos, ele é o que sabe".[51] Essa imensa sabedoria é sem dúvida uma espécie de fantasia, mas uma fantasia convincente, particularmente em um contexto narrativo que se propõe a explorar o desconhecido e o terrível. Seltzer critica *O Silêncio dos Inocentes*, tanto o romance quanto o filme, por oferecerem uma "representação aduladora"[52] do analista do FBI. No entanto, o analista criminal representado por Crawford surge como uma figura proibitiva no filme de Demme, ao passo que Starling é uma investigadora de caráter mais complexo. Harris também é menos romântico do que Seltzer supõe: "Crawford", escreve o autor de *Silêncio*, "sempre desconfiado de seus próprios desejos, sabia o quanto desejava ser sábio".[53] O desejo por sabedoria é tão fantasioso quanto o desejo de Buffalo Bill por transformação. São ambos objetivos que só podem ser alcançados de forma parcial.

CAPÍTULO 4

O GÓTICO FEMININO

Apesar de todo o seu compromisso com perfis psicológicos e dados forenses, *O Silêncio dos Inocentes* se estrutura em direção ao gênero gótico. Não que isso seja uma surpresa, visto que a narrativa moderna de assassinato e o romance gótico são mais ou menos contemporâneos. Karen Halttunen mostra como, ainda no final do século XVIII, os sermões dos pregadores que apresentavam o assassino como um pecador entre uma comunidade de pecadores foram gradualmente substituídos por relatos populares mais estarrecedores centrados nos detalhes brutais do próprio crime. Junto do "rápido crescimento do culto do horror"[54] que ela mapeia em detalhes vem a construção do assassino como um "alienígena moral"[55] em vez de um simples cidadão comum. O assassino agora é excepcional em vez de mundano, escalado como o vilão do romance gótico a partir da ideia de um ente monstruoso. Embora o serial killer possa ser um fenômeno mais moderno, ele também pode ser retratado em termos góticos, sobretudo quando a psicologia tenta construir uma estrutura explicativa para seus crimes.

Há uma clara oposição em *O Silêncio dos Inocentes* entre espaços modernos e góticos. O concreto frio de Quantico foi imaginado por Demme, Fujimoto e pela designer de produção Kristi Zea como essencialmente

O porão do hospital psiquiátrico

"clínico", um tanto "sem vida". A cela de Lecter, em contraste, foi concebida em termos do "potencial emocional de um tipo mais gótico, sobretudo em sua aparência".[56] A geografia gótica é, por definição, desorientadora e perturbadora; castelos assombrados, velhas casas escuras e paisagens desoladas são seus espaços arquetípicos. Construções góticas são sinistras até quando domésticas: sótãos, porões e proibidas câmaras secretas escondem segredos e ameaçam seus visitantes com perigos inesperados. Esses locais — que, de certo modo, funcionam como manifestações fantásticas da mente — ecoam na evocação claustrofóbica de *Silêncio* da cela manicomial de Lecter, um lugar arcaico e antigo visitado por investigadores que buscam de alguma forma capturar a essência de um assassino em série. Starling deve enfrentar o desafio para chegar a Lecter; além de sua cela, que é a mais distante da segurança dos guardas e vigias auxiliares, vislumbramos outra escadaria. Embora nunca saibamos onde ela leva, talvez exista ali uma sugestão de que o espaço labiríntico do hospital psiquiátrico se estenda ainda mais.

O porão de Buffalo Bill — do resto de sua casa, vemos apenas o corredor e uma cozinha bagunçada e suja — é igualmente complexo de uma perspectiva espacial. Uma série de salas orbita o poço escuro onde Catherine é mantida prisioneira. Equipado com inúmeras facas, lar de mariposas em vários estágios de desenvolvimento e habitado por

A violência de Lecter escondida e revelada;
"Mantenha-se à direita", diz Barney, o vigia do
hospital psiquiátrico, atuando como porteiro

manequins, o porão de Bufalo Bill representa uma elaboração visual das próprias fantasias dele, das quais o traje feminino é a manifestação mais extremada. Como se esse mundo pudesse se tornar real e ganhar vida, encontramos um uso inquietante de manequins em *O Silêncio dos Inocentes*. Na cena arranjada com cuidado no depósito de Baltimore, a cabeça preservada de Raspail é ridicularizada pela presença de um manequim. Outros manequins presidem discretamente o saguão do palácio de justiça em Memphis, onde Lecter está detido, como se fossem testemunhas silenciosas da confusão da equipe da SWAT. Já o manequim de costura na casa de Bimmel e os que estão no porão de Bill — isso sem contar o próprio traje de mulher parcialmente concluído por ele — contribuem para essa iconografia sinistra de personalidades desencarnadas e desumanizadas.

Do mesmo modo que Starling mais tarde entrará no porão de Buffalo Bill, sua jornada até a cela de Lecter a leva insistentemente para baixo, para as profundezas. Sua primeira abordagem de Lecter no hospital psiquiátrico é uma sequência convincente. Uma combinação de câmera móvel, edição rápida e uma sequência vertiginosa de descida por uma escadaria que nos leva do escritório de Chilton, passando por um escritório externo e três corredores até descermos mais e mais degraus. Nosso movimento por esses espaços de transição é desorientador. Além disso, ele também evoca a inconfundível sensação de uma jornada ou, mais precisamente, de uma busca que está apenas começando. Starling deve passar por nada menos que cinco portas de metal trancadas para chegar a Lecter. Na terceira, banhado por uma inquietante luz escarlate, Chilton estaca. Em um desafio óbvio para a coragem de Starling, ele a confronta com uma fotografia do dano que Lecter infligiu a uma enfermeira quando ela se aproximou dele para ministrar um tratamento médico. O horror é prometido e retido na cena; nós não vemos a foto, apenas o rosto de Starling, mostrado de baixo enquanto ela encara a fotografia. Aqui, no final da descida — eles desceram o máximo que poderiam descer —, Starling sugere que ela encontre Lecter sozinha, sem o diretor do hospital psiquiátrico, com o descontente Chilton deixando as profundezas, o que vemos por meio de um monitor de segurança. O palco para o primeiro encontro de Starling com Lecter agora está devidamente preparado. Quando finalmente o encontramos, a maneira cuidadosa e a fala calma do assassino contrastam com a sugestão bastante sinistra de violência anterior registrada na foto omitida. Lecter é um monstro de um tipo especial; nos termos do gótico, somos incumbidos de desconfiar de suas palavras, bem como de suas ações.

Embora a intensidade emocional de *Silêncio* decorra mais obviamente do uso de close-ups, o design de produção é sem dúvida importantíssimo para a intensificação do efeito de horror. O filme emprega uma paleta resolutamente silenciosa. Marrons, cinzas e azuis dominam a tela, com ocasionais vislumbres de verde — o casaco um tanto infantil de Starling ou seu suéter bordado, por exemplo. Tanto Quantico quanto o mundo dos dois assassinos em série do filme são tipicamente construídos com cores suaves, sendo vez ou outra manchados por vivazes camisas vermelhas em Quantico, ou tecidos, joias e fios na casa de Buffalo Bill. A blusa escandalosa de Catherine Martin é descartada na cena de seu sequestro e substituída por um macacão cinzento. Gumb reserva a cor para si mesmo, de forma mais espetacular na cena em que representa sua identidade fantasiosa para a câmera, primeiro envolto em um manto e depois levantando os braços como as asas de uma borboleta.

Caçador de Assassinos, saturado de cores e dirigido por Michael Mann, parecia evitar de maneira deliberada tanto o gótico quanto o cotidiano. Nele, os protagonistas habitavam um mundo estilizado mesmo quando estavam em suas vidas, vivendo suas rotinas, como as cenas entre Will Graham e seu filho no supermercado, por exemplo, ou ainda a luz azul que permeia toda a casa praiana de Graham e Molly. A cela de Lecter no mesmo filme, localizada dentro de uma instalação modernista, parece desbotada: uniformes, paredes e barras, tudo é branco. Como Lecter, Brian Cox parece se fundir com o ambiente, em um efeito que serve para enfatizar seu rosto. Uma escolha apropriada, talvez, já que as palavras de Lecter e até mesmo seus pensamentos são tão perigosos quanto seus dentes. *O Silêncio dos Inocentes* alude a essa paleta visual nas cenas da prisão de Memphis, onde Lecter está vestindo um uniforme semelhante de camiseta e calças brancas. Iluminado de cima, Hopkins se inclina para a frente de modo que, enquanto seu rosto permanece na sombra, seu corpo é banhado pela luz. Em um close-up extremo, é quase como se sua cabeça tivesse sido libertada do corpo. Holmes, vale a pena lembrar, disse certa vez: "Eu sou um cérebro, Watson. O resto de mim não passa de um mero apêndice".[57]

Se a pedra escura e nua da cela de Lecter em Baltimore sugere uma masmorra, em Memphis, Lecter é contido e até exibido de maneira bem diferente. A gaiola que funciona como cela temporária está posicionada no centro de uma grande sala. Com seus privilégios devidamente

*A atmosfera gótica do hospital psiquiátrico de Baltimore
e o espaço externo moderno de Quantico*

restaurados, a cela de Lecter é mobiliada com uma tela, uma mesa antiga e um tapete suntuoso. Música e livros estão agora à sua disposição; a cela tem a falsa domesticidade que poderíamos esperar de um consultório de terapeuta — o que também caracteriza o escritório de Crawford com sua cama improvisada e luminária no canto. No caso de Lecter, embora ele esteja bem iluminado, os cantos da sala estão escuros. Podemos discernir aqui e ali pinturas nas paredes externas, mas com poucos detalhes. Antes de partir, Lecter reorganizará a bandeirola vermelha, branca e azul que adorna o corredor, usando-a para suspender o corpo estripado do tenente Boyle em uma crucificação teatral.

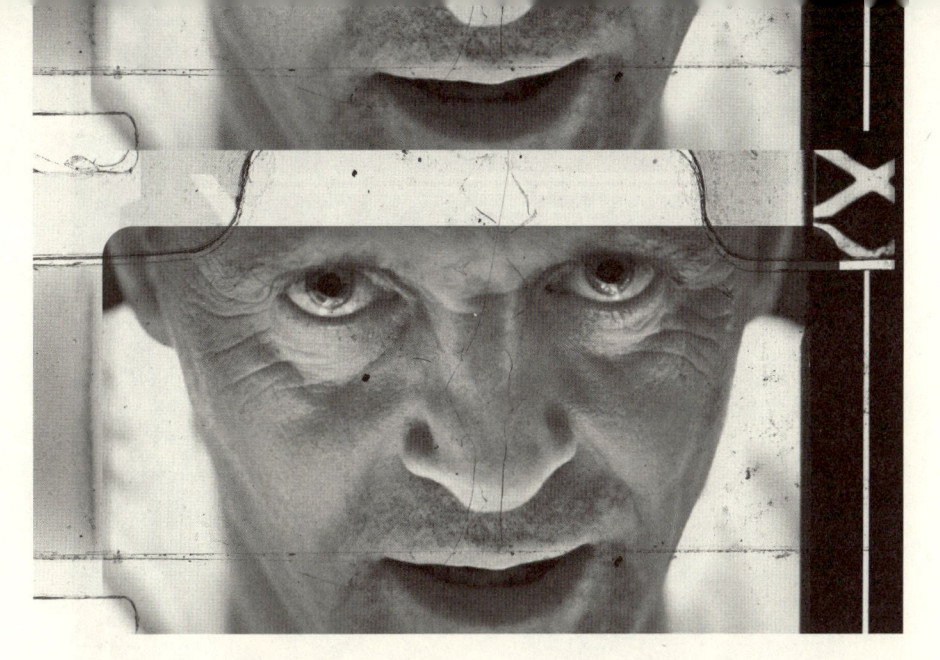

"O que você vê, Clarice?": Lecter parece hipnotizar
Starling em seu último encontro

Não é apenas o horror gótico, mas o que foi chamado de "gótico feminino"[58] que está em ação em *O Silêncio dos Inocentes*. Como Starling, a heroína do romance gótico se encontra em uma paisagem estranha. Para Tania Modleski,[59] o romance gótico é fundamentalmente contraditório, sugerindo às mulheres que elas devem e não devem se preocupar com a motivação masculina. Talvez indo mais direto ao ponto, Mary Ann Doane cita a descrição de Joanna Russ do gótico feminino como "histórias de aventura com protagonistas passivos".[60] É claro que Starling não é de forma alguma uma figura passiva; seu status como agente do FBI, mesmo que apenas em caráter temporário, a define como uma heroína ativa e inquisitiva. Onde o casamento, a família ou qualquer outra circunstância privada pode raptar a atenção da heroína do romance gótico, Starling é totalmente motivada pela busca profissional. No entanto, a investigação de Starling a conduz por uma série de mundos iconograficamente distintos e ameaçadores: o próprio hospital psiquiátrico; o depósito de Baltimore, onde ela descobre a cabeça de Raspail; a cela improvisada de Lecter em Memphis; e, por fim, o porão de Buffalo Bill. Assim como ocorre no gótico, o horror e o perigo para a protagonista feminina estão associados tanto ao lugar quanto aos indivíduos

*Starling é repetidamente mostrada passando por
portas ou em espaços de transição*

ou instituições que os habitam. No entanto, qualquer distinção precisa é difícil de traçar, uma vez que os espaços pelos quais Starling viaja funcionam como representações exteriorizadas do mundo do assassino, tornando o lugar peculiarmente investido de significado e valor.

Há uma versão específica do filme com protagonista feminina que podemos considerar aqui, no entanto: o ciclo dos anos 1940 marcado pelo horror e pelo *noir* que Doane chama de "filme com protagonista paranoica" parte de um grupo maior de narrativas que compõem o gótico feminino. Entre os filmes hollywoodianos que Doane discute nesse contexto estão *Rebecca, a Mulher Inesquecível* (*Rebecca*, 1940) e *Suspeita* (*Suspicion*, 1941) de Hitchcock, *Silêncio nas Trevas* (*The Spiral Staircase*, Robert Siodmak, 1946), *O Segredo da Porta Fechada* (*Secret Beyond the Door*, Fritz Lang, 1947) e *Coração Prisioneiro* (*Caught*, Max Ophüls, 1949). A paranoia a que Doane se refere evoca um "cenário em que a esposa teme que o marido esteja planejando matá-la". Muitas vezes ela está certa, fazendo desses filmes histórias nas quais "a instituição do casamento é assombrada pelo assassinato".[61] Embora essas personagens sejam de fato mais passivas diante do mistério executado diante delas, tais heroínas precisam aprender a questionar as aparências e a procurar segredos escondidos. Da mesma forma, Starling abre caminho por espaços ameaçadores, lutando com os enigmas que Lecter dispõe diante dela.

A ênfase no espaço e em seus elementos é crucial para o filme com protagonista paranoica. Doane identifica três aspectos recorrentes: escadas, portas e janelas. Como passarelas e corredores, todos os três também são espaços limiares. De certa forma transitórios, são espaços que se ligam a outros, mas que guardam suas próprias ameaças e possibilidades. Tanto o terror quanto o suspense exploram nossa capacidade de imaginar tais possibilidades ao máximo, enfatizando nossa consciência do espaço fora da tela, de onde qualquer coisa pode surgir a qualquer momento. Os espaços limítrofes são pontos de partida e de chegada. Pense em quantas vezes vemos Starling em tais espaços: o corredor do hospital psiquiátrico onde ela se senta para falar com Lecter; o estacionamento do mesmo lugar; o aeroporto; a antessala da casa funerária onde é deixada por Crawford; o depósito onde ela precisa se rastejar por baixo da porta — o fato de ela se cortar ali reforça, mesmo que de forma mais sutil, o perigo de tais aventuras. A resposta de Starling ao ser deixada de fora da sala de reuniões na funerária é ultrapassar outro conjunto de portas, que levam, nesse caso, ao seu passado.

A montagem paralela da chegada de Starling à casa de Buffalo Bill contra a emboscada de Crawford a uma casa vazia intensifica a carga dramática envolvida nas imagens presentes no filme de portas que funcionam como limiares. Dentro da geografia improvável da casa de Gumb e seus muitos quartos no porão, o desafio de Starling é desvendar o segredo atrás da porta e lançar luz sobre os crimes de Bill. Ela já descobriu a motivação; algo com que Crawford e sua equipe parecem se importar menos nesse estágio. É a travessia desse último limiar que instiga a cena gótica mais explícita do filme, na qual Starling explora os segredos da casa velha, escura e assustadora. Tal sequência nos leva a um tipo diferente de filme, com Starling atuando tanto como vítima-investigadora de um filme com protagonista feminina quanto como vítima-heroína do filme de horror. Tal mudança não passou despercebida pela lente dos críticos. Após a fuga de Lecter, diz um deles, o filme se torna um "melodrama comum", com Starling "apenas se tornando mais uma dama em perigo".[62] Embora o confronto possa ser visto como melodramático, dificilmente podemos chamá-lo de "comum".

Hitchcock paira sobre *O Silêncio dos Inocentes*. Anos antes, Demme pretendia fazer um thriller hitchcockiano em *O Abraço da Morte* (*Last Embrace*, Estados Unidos, 1979). Apesar da tentativa ter sido considerada um fracasso, os críticos sentiram que, com *Silêncio*, Demme conseguiu encontrar um equilíbrio entre identificação e suspense à maneira dos melhores thrillers de Hitchcock. Demme, por sua vez, se distancia do vazio da simples homenagem: "Adotei [o estilo Hitchcock] cada vez mais à minha maneira tranquila, não necessariamente em termos de extravagância visual, mas mais no uso da câmera subjetiva e ao fotografar atores para comunicar pontos da história e dos personagens".[63] O ponto de referência mais óbvio no repertório de Hitchcock é o clássico do terror *Psicose*. A combinação de cenários modernos e góticos na antiga casa escura da colina em contraste com o mais moderno Bates Motel, a identidade sexual transicional do assassino — como Buffalo Bill, Norman Bates foi baseado em Ed Gein — e as explicações psicológicas que de fato não convencem ninguém; tudo isso pode ter influenciado *O Silêncio dos Inocentes*. *Psicose* ainda apresenta mulheres com aspirações: a condenada Marion e a corajosa Lila, essa um protótipo de investigadora inexperiente e de mulher em perigo. Contudo, tão pertinente para uma discussão sobre o *Silêncio* de Demme é a adaptação de Hitchcock de 1940 de *Rebecca* de Daphne du Maurier — justamente o filme que Doane cita como tendo lançado o ciclo de filmes com protagonista paranoica.

Rebecca oferece mistério e romance gótico em uma casa velha e escura com a presença de um misterioso e romântico protagonista masculino. O filme gira em torno da personagem sem nome de Joan Fontaine. Órfã, ela trabalha em Monte Carlo como acompanhante de uma velha ingrata e um tanto grosseira, até que conhece e se casa com o misterioso Maxim de Winter (Laurence Olivier), voltando com ele para Manderley, a opulenta propriedade de sua família. A mansão é aparentemente assombrada pelo fantasma de Rebecca, a primeira sra. de Winter. Temerosa e tímida, Fontaine não consegue se impor como a dona da casa. A ressentida e enlouquecida governanta, sra. Danvers, investe em manobras psicológicas contra ela, atacando as vulnerabilidades de Fontaine sobre ela realmente pertencer ou não àquele lugar. Como história da luta de uma mulher para afirmar sua identidade em um contexto hostil de instituições dominadas por homens, *O Silêncio dos Inocentes* funciona às vezes como um transplante do filme com protagonista paranoica — com sua versão ameaçadora do privado ambiente doméstico — para um contexto bem diferente, ou seja, o do local público de trabalho. Pam Cook[64] vê *Jogo Perverso* (*Blue Steel*) como um filme com protagonismo feminino exatamente nesse contexto, embora ambos, o romance e a ameaça sexual, sejam ironicamente muito mais centrais no filme de Bigelow; a policial novata de Curtis, Megan, é primeiro seduzida e depois violentada pelo assassino que ela persegue. Tanto Megan de *Jogo Perverso* quanto Clarice de *Silêncio* são personagens estranhas, ambas emolduradas por uma incerteza sobre a qual gênero de filme pertencem.

A maneira confiante e decidida de Starling não pode ser facilmente equiparada às investigações infantis de Joan Fontaine sobre Manderley em *Rebecca*. Suas ansiedades e sua inexperiência são de naturezas bem diversas. E, assim como ocorre com a lésbica implícita sra. Danvers, a manipulação psicológica é a principal arma de Lecter. A rapidez com que ele percebe que Clarice não é uma verdadeira agente do FBI destaca até que ponto a legitimidade e o pertencimento estão em questão no filme. Além disso, não menos importante, está sua própria legitimidade como um filme de horror de luxo. O objetivo de Lecter pode até não ser o de enlouquecer Clarice Starling, como faz o marido demoníaco

em À Meia-Luz (*Gaslight*, Estados Unidos, George Cukor, 1944), mas ele sem dúvida está determinado a fazer joguinhos psicológicos. E isso até o último telefonema.

Modleski escreve que "o gótico nunca trata de mulheres que experimentam ilusões de grandeza e onipotência". Em vez disso, "a heroína gótica sempre se sente impotente, confusa, assustada e desprezada".[65] A Clarice que encontramos em *O Silêncio dos Inocentes* pode ser uma heroína perseguida, mas não há nada de paranoico nela, ao menos não nesse sentido. Talvez seja em um viés irônico que a aparente meta do romance de Harris e do filme de Ridley Scott, *Hannibal*, sejam justamente o de persegui-la. O sucesso de Starling, dramatizado com cuidado por Demme em *O Silêncio dos Inocentes*, desencadeia ressentimento e ciúme em sua sequência, tanto a literária quanto a fílmica. A afiada malícia da escrita de Harris mostra-se quando o diretor do FBI, Tunberry, diz ao antigo mentor de Starling, Jack Crawford — agora à beira da aposentadoria compulsória —, que "um sacrifício de carne" será necessário. "Carne balida fresca" é o que eles querem, "mas podem ficar satisfeitos com um sacrifício de carne de ave... Podemos dar a eles Clarice Starling e eles nos deixarão em paz."[66]

"Starling", Harris nos conta em *Hannibal*, "sobreviveu a maior parte de sua vida em instituições, respeitando-as e jogando duro, sempre de acordo com as regras. Assim, ela avançou e avançou, com bolsas de estudo e entrada no time. Seu fracasso em progredir no FBI após um começo brilhante foi uma experiência nova e terrível para ela. Era como se ela batesse contra um teto de vidro como uma abelha em uma garrafa."[67] Talvez não seja surpresa que Scott imagine Starling em um porão sombrio, repassando conversas anteriores com Lecter. Um padrão análogo pode ser encontrado na ficção de Cornwell, apesar da brilhante carreira de Scarpetta. Quase todos os romances dessa heroína apresentam-na enfrentando indivíduos obstrutivos que se ressentem de sua posição de poder. Em um deles, ela chega ao ponto de ser ameaçada com uma acusação. Em muitos casos, Scarpetta é perseguida pelo próprio sistema dentro do qual ela trabalha, bem como pelo assassino, seja pessoalmente ou por procuração, sendo ela então tanto vítima quanto investigadora. Talvez haja uma espécie de narcisismo em ação aqui, já que, como observa Modleski sobre o romance gótico, ser "perseguido... é sempre melhor do que ser ignorado".[68] E Scarpetta é uma figura poderosa e perseguida; suposta vítima e investigadora, ela está sempre no centro da ação, mesmo quando é institucionalmente marginalizada.

Os embates de Starling com figuras de autoridade incompetentes ou indiferentes em *O Silêncio dos Inocentes* — o dr. Chilton no hospital psiquiátrico, a força-tarefa policial da Virgínia Ocidental e até mesmo, por vezes, Crawford — também são elementos estruturantes básicos da ficção criminal. Em vista disso, Clarice é forçada a operar quase como uma força independente, "esgueirando-se" pela segurança para um último encontro com Lecter. Excluída da invasão armada do FBI à casa vazia de Gumb em Chicago, ela acaba enfrentando o vilão/monstro completamente sozinha, em um confronto heroico que nos remete mais uma vez à iconografia do filme de terror.

Se *O Silêncio dos Inocentes* funciona como um retrato gótico de uma mulher, assim como um horror gótico, Lecter ocupa o lugar do charmoso embora misterioso e potencialmente violento homem gótico ("As pessoas dirão que estamos apaixonados"). Com certeza há uma carga

A força-tarefa da Virgínia Ocidental como vista do ponto de vista de Starling; Starling espera no escritório de Chilton

afetiva entre os dois, carga essa que fica evidente no breve momento de contato físico quando o dedo de Lecter acaricia o de Starling enquanto ela agarra o arquivo do caso que ele passa para ela entre as barras de sua jaula. Para um crítico, Lecter é para Starling "o perverso substituto do pai e o amante demoníaco que a submete a um estupro psicológico como preço a ser pago por sua ajuda".[69] Lecter questiona Starling duas vezes sobre o caráter de seus relacionamentos com homens mais velhos, especulando se Crawford fantasia sexualmente a seu respeito e, posteriormente, perguntando se o fazendeiro com quem ela ficou por tão pouco tempo a abusou sexualmente. No entanto, seu relacionamento é de um tipo diferente, definido por um fascínio mútuo tanto quanto por um claro jogo de poder. Como Starling diz a Lecter em resposta à sua insinuação sexual: "Isso não me interessa".

As esferas pública e privada são intrinsecamente interdependentes em *O Silêncio dos Inocentes*: a complexidade do filme reside na intricada união das duas. A busca de Starling por Buffalo Bill está ligada ao seu desejo de sucesso público — Lecter diz a ela que é o "progresso" o que ela mais aprecia —, mas também à sua busca pela paz a partir de suas memórias dos cordeiros balindo. Dessa forma, *O Silêncio dos Inocentes* também é uma narrativa de rito de passagem, com a inexperiente porém sagaz e intuitiva Starling vivendo uma relação erotizada de professor/aluna com Lecter. Para ela, a caça ao assassino é um duplo caso de amor, uma vez que capturar Gumb lhe trará sucesso profissional. Todavia, Starling não tem nenhum interesse em "entender" Lecter, estando mais interessada em obter as informações cruciais em seu cérebro.

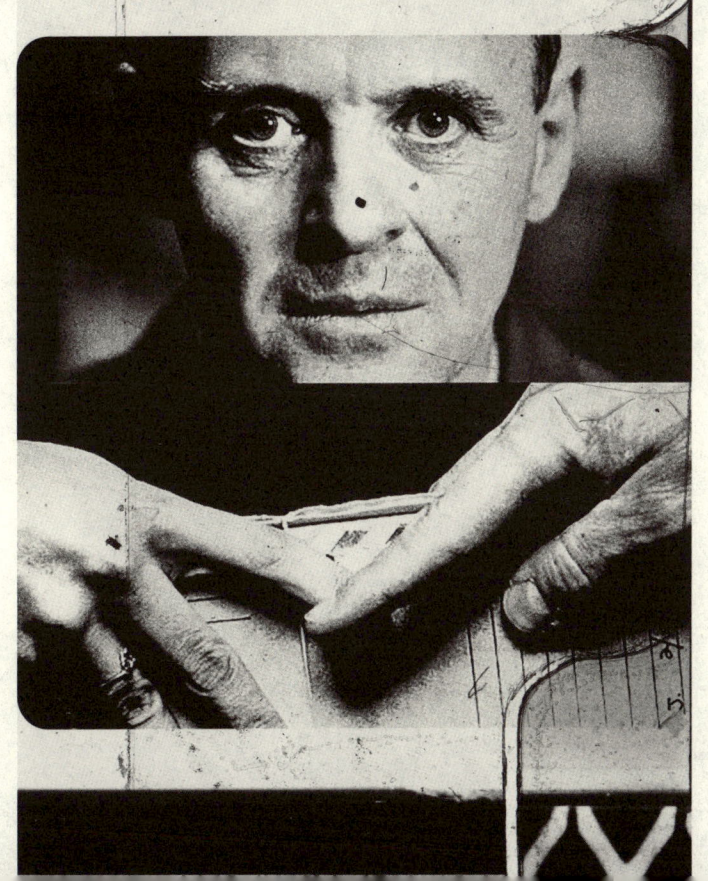

CAPÍTULO 5

SOB A PELE

Apesar de o psiquiatra do filme ser, na melhor das hipóteses, um anti-
-herói — um anti-herói insano, ainda por cima —, como acontece em
Psicose de Hitchcock, *O Silêncio dos Inocentes* mostra-se profundamente atento à psicologia popular e à psicanálise — no romance de Harris,
Lecter se refere à psicanálise como uma "religião morta".[70] À medida
em que o filme avança, o trabalho de investigação e de (psico)análise
se entrelaçam. Este é sem dúvida o caso das pistas dadas por Lecter em
troca de um acesso invasivo às memórias enterradas de Starling sobre
seus traumas de infância. O autoconhecimento e o conhecimento do
caso estão intimamente ligados para Starling, como sugere o primeiro trocadilho/pista que Lecter sugere: "Olhe profundamente dentro
de si mesma".

A resposta crítica a *O Silêncio dos Inocentes* também foi bastante in-
fluenciada pela psicanálise (popular ou não). E se há uma figura recorrente nas discussões do filme, essa figura é a do pai. A relação de Clarice
com Lecter e Crawford é frequentemente interpretada como paternalis-
ta, com Lecter e Crawford sendo vistos como figuras parentais, representando respectivamente o pai mau e o pai bom. Para Martha Gever,

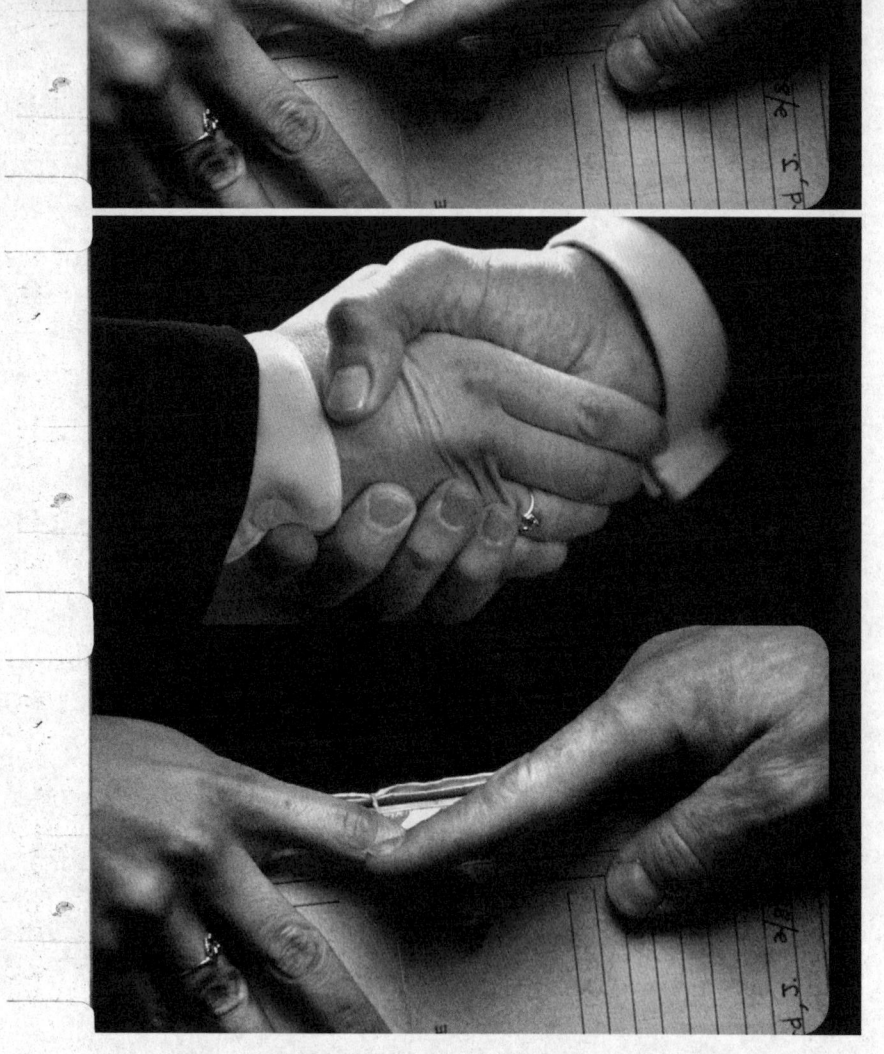

"Seu pai ficaria orgulhoso de você", diz Crawford, parabenizando a agente especial Starling; Lecter acaricia o dedo de Starling em seu único momento de contato físico

a "trajetória heroica de Starling é traçada por um panteão de pais".[71] É verdade que Hollywood, quando tem tempo para jovens aventureiras, tende a enfatizar sua relação com os pais. Pense na própria Jodie Foster como Ellie em *Contato* (*Contact*, Estados Unidos, Robert Zemeckis, 1997), cujo encontro com um alienígena ganha a forma de uma conversa com o pai, ou em Helen Hunt como Jo em *Twister* (Estados Unidos, Jan de Bont, 1996), uma cientista cuja busca por tornados é emoldurada pela perda do pai durante uma tempestade. No entanto, embora Lecter e Crawford sejam ambos figuras de autoridade, não há razão para supor que algum deles atue como figura paterna. Em outras palavras, quando levadas a seus extremos, quase todas as figuras masculinas podem ser interpretadas como paternas. David Sundelson encontra pais falidos, perigosos ou aspirantes a pais em todos os lugares do filme, de dr. Chilton ao sr. Bimmel; para ele, a cena em que Starling se impõe aos vários policiais reunidos em torno do corpo levado à casa funerária funciona como se ela fosse indiretamente "banida de uma sala cheia de pais para que possa fazer o trabalho deles sozinha".[72]

Em dois momentos de grande intensidade emocional, vemos flashbacks da jovem Clarice e de seu pai, um delegado do interior. O primeiro deles segue o encontro inicial de Starling com Lecter. Emergindo do horror do hospital psiquiátrico para a claridade da luz do dia de um estacionamento, Starling caminha em direção ao seu carro antigo e avariado. O ponto de vista familiar nos transporta para a perspectiva da jovem Clarice, que tenta surpreender o pai ao chegar em casa. Ele a vê, a cumprimenta e os dois se abraçam em um encontro afetuoso. A pergunta dela, "Pegou algum bandido hoje, papai?", e a resposta dele, "Não, meu anjo, hoje eles todos fugiram", configura uma falha que a Starling adulta tentará remediar. Sotaques, figurinos e *mise-en-scène* confirmam com silenciosa economia a precisão dos comentários de Lecter sobre as origens pobres de Starling na Virgínia Ocidental, assim como o carro dela nos informa que seus recursos financeiros continuam bem limitados. Na verdade, podemos especular que esses comentários de Lecter foram, de alguma forma, os responsáveis por evocar essa memória do pai dela. O segundo flashback, que ocorre na funerária na Virgínia Ocidental, também enfatiza as origens de Starling — a carreira dela na aplicação da lei a levou de volta ao seu estado natal. Deixada na antessala por Crawford, Starling mostra-se atraída pelo funeral simples que ocorre na sala ao lado. Hipnotizada, ela parece caminhar em direção ao caixão, com a câmera tremulando para indicar sua emoção. Um corte nos leva de volta à jovem Clarice, agora contemplando em silêncio o corpo do pai.

Crawford protege Starling da imprensa; Starling se lembra do pai

Os sons do rito fúnebre atual invadem a memória de Starling, trazendo-a, assim como o espectador, de volta ao presente e ao corpo da vítima de Buffalo Bill.

A relação pai/filha sem dúvida é importante para o desenvolvimento da personagem de Clarice Starling em *Silêncio*. O sucesso na universidade e a carreira no FBI a afastaram de seu passado e a levaram a um mundo profissional bem diferente. No entanto, ao mesmo tempo, ela é uma espécie de policial em serviço, e isso simultaneamente a conecta ao passado por meio do pai. Então não é que o pai seja uma figura insignificante no filme. Mas seria um erro interpretar o desenvolvimento de Clarice Starling apenas a partir desse único relacionamento. Lecter diagnostica Starling desde o início como ambiciosa; sua cura não é correr de volta para o papai, mas tomar seu lugar. Resolver o caso — e salvar Catherine Martin — oferece uma fantasia de conclusão e resolução que apaga ou supera as memórias de infância do falecido pai, permitindo que Clarice assuma seu lugar de responsabilidade e autoridade no mundo.

Curiosamente, o romance de Harris mostra Starling invocando a memória da mãe a fim de lhe trazer força enquanto ela própria ordena aos policiais da Virgínia Ocidental que saiam da sala:

> Clarice Starling, parada ao lado da pia, precisava agora de um tipo de coragem mais adequado e poderoso do que qualquer salto de paraquedas que a Marinha exigia. A imagem veio até ela e a ajudou, mas também a deixou um tanto perturbada: sua mãe, parada em frente à pia, lavando o sangue do chapéu do pai, jogando água fria na peça, dizendo: "Vamos ficar bem, Clarice. Diga aos seus irmãos que se lavem e venham para a mesa. Precisamos conversar e depois vamos servir o jantar".[73]

Harris parece determinado a sabotar a própria ideia de pai, recusando a obviedade da relação pai/filha como uma "explicação" para as ações de sua protagonista. Em vez disso, o escritor constrói conjuntos alternativos de relacionamentos entre os personagens do livro, desde o duplo policial/assassino (do qual tratarei a seguir) até outros que deslocam o relacionamento pai e filha para mãe e filha, irmão e irmã e até mesmo esposo e esposa. Também no livro *Hannibal*, Starling às vezes é interpretada como a noiva de Lecter ou como uma irmã adotiva, uma substituta para a perdida Mischa.

Quando se trata de mulheres poderosas, a literatura popular parece disposta o suficiente a fortalecer o circuito de pais simbólicos, pelo menos superficialmente. A Scarpetta de Cornwell, por exemplo, nos conta em *Desumano e Degradante* (*Cruel and Unusual*):

Em certo sentido, eu me tornei meu pai depois de sua morte. Eu era a racional, que tirava nota máxima e sabia cozinhar e lidar com dinheiro. Era a única que raramente chorava e cuja reação à volatilidade da minha família em desintegração era se acalmar e se dispersar como um vapor.[74]

No livro anterior, *Corpo de Delito* (*Body of Evidence*), Scarpetta confessa que: "A carreira em que embarquei sempre me levaria de volta à terrível cena criminal da morte de meu pai".[75] Em seu primeiro romance com a antropóloga forense Temperance Brennan, Kathy Reichs faz a heroína lembrar as palavras de advertência de seu terapeuta: "Você é filha de um pai alcoólatra. Você está procurando a atenção que seu pai lhe negou. Você quer a aprovação de seu papai e por isso tenta agradar a todos".[76] O pai é certamente uma presença importante na história de ambas as personagens. No entanto, seus relacionamentos mais significativos não são com esses pais rememorados, e sim com filhas, sobrinhas e amigas. Ao longo dos romances de Scarpetta, é a brilhante e bela sobrinha lésbica da protagonista, Lucy, que se torna a figura mais desenvolvida de realização fantasiosa.

Por mais atraentes que sejam as respostas, o problema com a psicanálise, ao que parece, é a insistência no poder da figura paterna, que infelizmente trabalha para obscurecer outros elementos que podem ser igualmente importantes. Outros discursos populares de gênero e identidade sexual também marcam a ficção literária e o cinema. Em *Lavoura de Corpos* (*The Body Farm*), Scarpetta expressa sua natureza em termos grosseiros de gênero e identidade: "Eu era um corpo e uma sensibilidade de mulher com o poder e o impulso de um homem".[77] Como Janet Staiger escreve em relação à recepção de *Silêncio*, o consenso sobre estereótipos no cinema norte-americano (e, para falar a verdade, versões desse consenso também provenientes da psicanálise) nos dizem que "uma mulher forte deve ser lésbica".[78] Para Staiger, essa fusão alimentou e sutilmente apoiou a campanha contra Jodie Foster, abordada anteriormente. Da mesma forma, o entendimento comum dos estereótipos

sugere que um homem com qualquer expressão de feminilidade deva ser gay, interpretação essa que certamente alimentou os debates em torno da caracterização de Buffalo Bill.

No entanto, é na figura carismática do insano psiquiatra Hannibal Lecter que *O Silêncio dos Inocentes* expressa mais obviamente uma ambivalência direcionada àqueles que estudam ou trabalham com a mente. Ao mesmo tempo fisicamente repulsivo e emocionalmente ameaçador, capaz de um raciocínio cuidadoso, até elegante, embora evidentemente insano, Lecter incorpora uma reviravolta contemporânea na representação do cientista louco do horror e da ficção científica. Como um psiquiatra sem escrúpulos, apesar de talentoso, ele invade os sonhos e as fantasias mais íntimas. É uma convenção, até mesmo um clichê, da ficção e do cinema policial que o investigador e seu principal suspeito sejam criaturas semelhantes, talvez até dublês um do outro. Eles se entendem de uma forma intensa e especial, sendo justamente essa compreensão que permite ao investigador capturar seu oponente. No entanto, essa similaridade também diferencia o investigador como um ser à parte, podendo deixá-lo temporariamente louco, como acontece com Will Graham em *Dragão Vermelho* de Harris. Crawford adverte Starling sobre os perigos de tal envolvimento antes de seu encontro com Lecter — "Não conte nada pessoal a ele", reforça ele. À medida que a razão desliza para a insanidade, a análise para a magia, o analista criminal e seu suspeito se encontram, levando-nos tanto a questionar a fronteira entre eles quanto a reconhecer a sensibilidade superior de ambos.

A reviravolta produzida por *O Silêncio dos Inocentes* está em fundir as figuras gêmeas da razão e da irracionalidade de modo que Lecter seja tanto um perverso analista de perfis criminosos quanto um assassino psicopata. Ao passo que em *Caçador de Assassinos* Will Graham trava uma batalha de vontades com Lecter, em *O Silêncio dos Inocentes* Lecter é assassino *e* investigador. O dom de Lecter está em ver com clareza o que os outros não percebem, em notar as maneiras pelas quais o comportamento banal do dia a dia revela uma intrincada encenação dos desejos humanos. Na verdade, a visão aguçada dele é intensificada por seu confinamento físico. A única vez em que ele não consegue enxergar claramente, quando seu discernimento fica comprometido, ocorre devido à falsa oferta feita por Starling de um período temporário fora da prisão.

Por mais que *O Silêncio dos Inocentes* apele à razão, à psicologia, à lógica dedutiva e à evidência física, a loucura e a figura do psicopata sustentam a narrativa, todas incorporadas na figura do assassino em série. Perpetrador de crimes horríveis, em grande parte cometidos contra pessoas estranhas, o psicopata parece exceder qualquer explicação lógica. "Os psicólogos o chamam de psicopata. Eles não sabem mais do que chamá-lo", diz Will Graham sobre Lecter em *Caçador de Assassinos*. No entanto — na forma do próprio Lecter —, o psicopata pode oferecer explicação para outras pessoas. Como uma ameaça monstruosa e fascinante, o serial killer agora é um tipo tão familiar quanto sua contraparte cinematográfica, o sábio e intuitivo criador de perfis criminais. Tanto a ameaça quanto a promessa estão implícitas na própria introdução de Lecter, que segue perfeitamente do escritório sem janelas de Crawford em Quantico para o gabinete do dr. Chilton no hospital psiquiátrico; um ambiente mais opulento, com seus painéis de madeira e quadros. "Faça seu trabalho e nunca esqueça o que ele é", diz Crawford em um close-up extremo. "E o que ele é?", pergunta a curiosa Starling. A resposta — "Ah, ele é um monstro, um puro psicopata" — vem de Chilton. Starling fica desconfortável na frente dele; talvez o gorjeio dos pássaros que subjaz às suas primeiras palavras seja um sinal de sua apreensão? Para Chilton, Lecter não passa de um espécime: "Eu o mantenho aqui", ele diz a Starling com um floreio. No entanto, o bajulador Chilton é uma espécie de tolo, um *showman* interessado apenas em si próprio, em vez da voz de autoridade que seu título ou sua posição poderiam sugerir. Rótulos, podemos dizer, falham em nos dizer algo de realmente significativo.

Tanto o drama policial quanto o thriller psicológico oferecem-nos o espetáculo da razão em busca da compreensão da loucura, mas nenhuma visão é oferecida sobre a patologia de Lecter — há, embora sem sucesso, uma tentativa de fornecer tal explicação no livro *Hannibal*. A busca por obter tal explicação é a razão ostensiva para o primeiro encontro de Starling com Lecter, embora o prisioneiro logo vire o jogo a

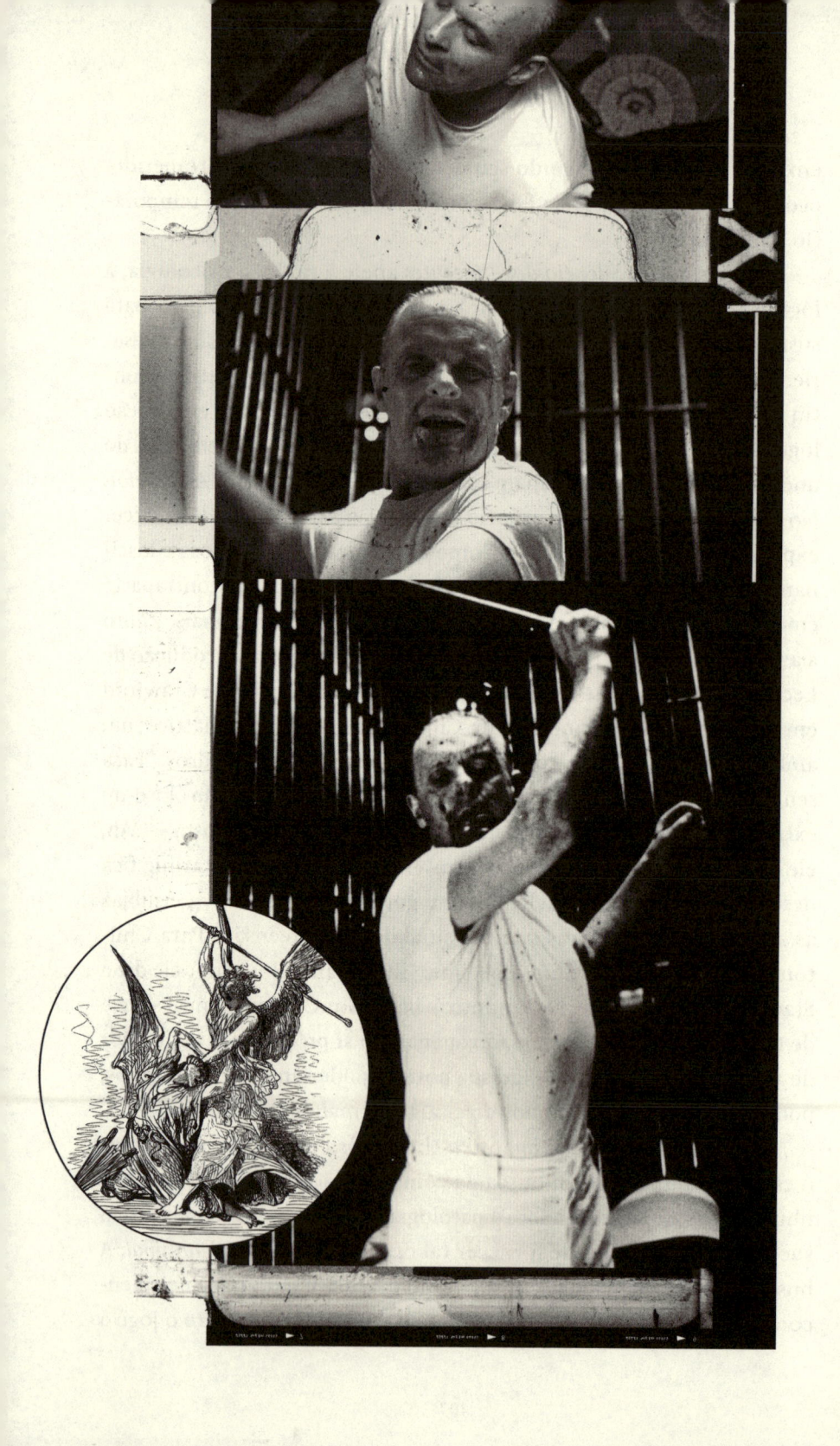

seu favor, zombando das cruezas das ferramentas do FBI para classificar comportamentos criminosos como o dele. Diante da insanidade, *O Silêncio dos Inocentes* oferece a ideia do assassino em série como um tipo de talismã. O psicopata pode até ser insano, mas ele definitivamente é metódico; ele segue um ritual, e seus crimes envolvem uma assinatura.

Embora Lecter seja severo com os rótulos — daí sua famosa fala sobre comer o fígado de um recenseador —, ele aceita tacitamente o de "assassino em série" no diálogo seguinte. "Por que você acha que ele [Buffalo Bill] remove as peles, agente Starling? Seduza-me com sua perspicácia." "Isso o excita. A maioria dos assassinos em série guarda algum tipo de troféu de suas vítimas." "Eu não." "Não. O senhor comia os seus." Aqui, embora aceite que possa ser definido como um serial killer, Lecter também enfatiza, mesmo que sutilmente, suas características únicas, ou seja, até que ponto ele próprio não se encaixa no padrão do rótulo. Quando Starling desafia Lecter a ver a si mesmo com o tipo de *insight* preciso — na verdade, cruel — que ele demonstrou em relação a ela, ele responde primeiro rejeitando-a ("Voe de volta à escola, pequena Starling") para depois, em encontros subsequentes, voltar os holofotes da conversa para os desejos e lembranças dela, e não para seus próprios.

A imagem popular do assassino em série é a de um indivíduo compulsivo que representa uma fantasia secreta, um homem violento capaz de um planejamento intrincado ou talvez simplesmente guiado por uma astúcia animal. Assassinos em série tornaram-se figuras de fascínio no cinema comercial, em parte a serviço de um voyeurismo macabro, mas também porque colocam em primeiro plano questões de motivação em relação a atos de violência aparentemente aleatórios, como o motivo pelo qual ele busca essas vítimas em particular e não outras, por exemplo. O fascínio do serial killer não tem a ver apenas com assassinatos aleatórios, embora a crueldade do destino das vítimas desafortunadas desempenhe um papel importante. O serial killer desumaniza o indivíduo; suas vítimas são apenas animais inferiores dentro de uma hierarquia da qual ele é o grande pináculo. Nisso, o assassino em série tem sido visto como uma figura da modernidade: anônimo por trás de uma máscara de impassibilidade, ele é geograficamente móvel, sendo

*Lecter demonstra interesse pelas motivações de
Starling em vez de suas próprias*

protegido pela "invisibilidade" de sua masculinidade branca. Starling, por outro lado, vê as vítimas como indivíduos, devolvendo a elas seu fator humano, por assim dizer.

Vimos que, ao passo que a narrativa policial enfatiza a explicação, o horror mobiliza os temas do mal ou do sobrenatural. Como um híbrido desses dois gêneros, *O Silêncio dos Inocentes* nos oferece duas versões distintas do serial killer. De um lado, ele é um ser insano que habita seu próprio mundo peculiar com seus rituais, símbolos e sistemas de valores. De outro, ele é um monstro, a personificação do mal. Ambos são párias, figuras da alteridade cuja função é confirmar nossa própria sanidade e bondade. A construção do serial killer como um ente monstruoso em *O Silêncio dos Inocentes*, ou em filmes como *O Colecionador de Ossos* ou *A Cela*, não está totalmente em desacordo com uma narrativa explicativa, seja ela psicológica ou não. No horror, um gênero de continuidades, o monstro tem sua própria mitologia e de certa forma joga de acordo com as regras criadas por ele próprio. Crucifixo, bala de prata, estaca no coração: o mito pode fornecer os monstros, mas também

pode sugerir estratégias — ou talvez indivíduos heroicos — que garantam sua destruição. Na mitologia do assassino em série, como vimos, uma infância abusiva costuma fornecer uma explicação para as origens do assassino. A chave para encontrá-lo ou capturá-lo está em entender seu ritual, em localizar a assinatura que revelará sua origem e localização. A violência em *O Silêncio dos Inocentes* é metódica, não irracional. Gumb quer se tornar diferente do que é, em uma transformação que ele persegue literal e obstinadamente; Lecter quer uma vista, sendo sua fuga, portanto, um método para alcançar um objetivo, enquanto a sugestão de que ele matará Chilton é claramente motivada pelo tratamento que recebeu dele no hospital psiquiátrico. No entanto, rompantes de violência excedem o estritamente "necessário" — a sociedade sugere que busquemos contentamento ou transformação física de outras maneiras —, embora sejamos informados de que Bill solicitou a redesignação sexual e foi rejeitado.

Como o doutor elegante, mas perturbado de Lecter — uma caracterização que alude a figuras do horror do século XIX, incluindo Frankenstein, Jekyll e Hyde, e até mesmo Drácula —, Buffalo Bill também é uma figura híbrida. Baseado em elementos biográficos de três assassinos, Ed Gein, Ted Bundy e Gary Heidnik, Bill também é uma composição

A identidade do assassino em série é mutável e transitória: O voyeur de obsessões maternais Norman Bates (Anthony Perkins) é uma das influências para Buffalo Bill

de assassinos em série de filmes anteriores — mais claramente Norman Bates de *Psicose* —, além de estereótipos encontrados nas reportagens fascinadas da mídia em suas variadas coberturas de crimes reais. Embora possamos entender o serial killer como um "fenômeno das sociedades modernas... e avançadas",[79] ele também é uma figura mítica. Na verdade, tanto Thomas Harris quanto Ted Tally parecem ter sido influenciados por figuras míticas e de contos de fadas, além de relatos de psicologia comportamental, medicina forense e crimes contemporâneos.

Com Buffalo Bill, *Silêncio* enfatiza o desvio em vez da loucura calculista que caracteriza Lecter. As vítimas de Bill são todas grandes; mulheres que falham em atender aos ideais físicos da feminilidade branca apesar de suas tentativas — vemos um livro de dieta entre outros pertences pessoais no quarto de Fredrica. Esse fato torna bastante desagradável que o comunicado de imprensa da produtora Orion para *O Silêncio dos Inocentes* nos diga que Catherine "é mantida em cativeiro no porão de Buffalo Bill enquanto ele espera que ela *perca peso*". A fome incutida por Bill às suas vítimas talvez represente uma tentativa de moldá-las em sua versão preferida de feminilidade. Ela, na verdade, serviria para tornar o processo de retirada de suas peles um tanto mais fácil, embora também esteja ligada ao exercício de poder, de sua ação de dar e de reter a vida. Com a única exceção da abastada Catherine Martin, que foge mostrando evidente engenhosidade, Bill ataca mulheres da classe trabalhadora, definidas por sua falta de poder econômico. Com sua mãe poderosa, apenas Catherine é, ao que parece, significativa o suficiente para mobilizar o FBI.

Hannibal Lecter, embora assumidamente um monstro, é um homem de alta cultura: preso em sua cela, ele esboça paisagens que sabe de cor da cidade de Florença e age com boas maneiras, pelo menos com Starling, mesmo que existam claros limites para sua cortesia autoconsciente. Seu canibalismo o torna um predador perigoso, mas ele é apresentado como selvagem de maneira explícita em apenas uma sequência: a fuga sangrenta de sua cela em Memphis. E, mesmo nela, a composição musical de Bach tocando ao fundo sublinha a classe do doutor, ou pelo menos o seu bom gosto. De forma perversa, até mesmo o canibalismo de Lecter parece quase refinado demais quando comparado ao esfolamento de mulheres de Buffalo Bill. Como um *gourmet* em busca de uma experiência de exótica culinária, Hannibal Lecter incorpora outros corpos em vez de tentar entrar neles.

Assim como o domínio da cultura de Lecter reforça a caracterização mais selvagem e esfarrapada de Gumb, sua inteligência e argúcia servem para enfatizar a visão limitada de Chilton. Além disso, a insistência de Lecter na cortesia com Starling — apelando à distância, quaisquer que sejam suas tendências ou interesses — contrasta com as tentativas desajeitadas de Chilton de dar em cima dela logo em seu primeiro encontro. No cultuado bicho-papão de Hannibal Lecter, *Silêncio* fornece uma figura que transparece racionalidade, quando, no entanto, sabemos ser insana. É claro que a insanidade de Lecter não é à moda do cinema. É só ver os outros internos no hospital psiquiátrico de Baltimore: Múltiplo Miggs — como Lecter o chama, com evidente desdém —, animalesco em sua agressão sexual, ou ainda aqueles listados nos créditos do filme apenas como "psicopata amigável" e "psicopata taciturno". Cada

Miggs corporifica a loucura como agressão sexual e perda de controle

um deles é definido por traços de tipo básico — sua loucura é aparente em sua simplicidade tanto quanto por qualquer outra coisa. Lecter, ao contrário, é definido por sua complexidade, pela restrição que impõe a si mesmo e pelo autocontrole; ele retém informações, ao passo que Bill retém comida, além de controlar a linguagem. As pessoas que ele conhece parecem sempre se entregar nos pequenos detalhes de seus trajes e maneirismos. Starling, com sua bolsa de marca e sapatos baratos, aspira ao bom gosto e acredita que o trabalho árduo será recompensado. Lecter avalia suas conquistas e inseguranças, manipulando-os em benefício próprio.

As contradições da persona de Lecter — "psicopata charmoso" é um título que podemos dar a ele — ajudaram a torná-lo um célebre caso no lançamento do filme. Para alguns críticos, os gostos sofisticados de Lecter poderiam sugerir um endosso de sua violência. Nessa acepção, ele seria encantador demais. Curiosamente, é estranho que não pensemos que o inverso também possa se aplicar a ele, que a sua selvageria poderia colocar em xeque a alta cultura que ele próprio reivindica e que Starling parece tanto desejar. Porém, os críticos elogiaram Hopkins por sua atuação, enfatizando o papel que desempenhou ao dar ao filme uma distinção que em geral não é encontrada no gênero terror: "Ele faz tudo

Lecter como um psicopata charmoso

que faz sem usar quaisquer armas típicas ou apetrechos comuns dos filmes de terror típicos. Todavia, ele tem outras ferramentas singulares: seu rosto e sua voz".[80]

O apelo de Lecter reside em sua elaborada cortesia para com Starling e em sua rejeição desdenhosa da própria autoridade que, como um homem supostamente bem instruído, ele representaria. Em última análise, o público pode endossar com entusiasmo o desprezo de Lecter por Chilton, aproveitando a piada nos segundos finais do filme. Para Anthony Lane, Lecter é "Holmes e Moriarty em um único personagem, desprezando todos os Watsons do mundo".[81] Lecter possui tanto o brilhantismo quanto a frieza de Holmes, que certa vez confidenciara a Watson que ele teria dado um excelente criminoso caso tivesse seguido esse caminho. A incrível capacidade de Lecter de deduzir eventos e emoções a partir de cheiros e outras pistas leves — "Seu sangramento parou", ele diz a Starling, sem ser solicitado . Isso nos remete ao prazer de Holmes em desnortear visitantes com o conhecimento de sua posição social ou de atividades recentes — "Acho inteligente impressionar os clientes com uma sensação de poder",[82] reflete o detetive. Conhecimento é poder nesse contexto, algo que Starling percebe quando tenta virar as próprias armas de Lecter contra ele.

As narrativas populares costumam operar por meio de uma série de oposições temáticas. Em *Silêncio*, elas incluem razão e loucura, superfícies e subterrâneos, noite e dia, masculino e feminino. No entanto, é preciso frisar que todos esses pares de opostos raramente são preservados durante a narração de qualquer história. É, afinal, na transgressão de tais oposições que reside o interesse de contar histórias.

O terror e a fantasia oferecem uma infinidade de figuras que transgridem as oposições: criaturas limítrofes de um tipo ou de outro. Vampiros estão vivos e mortos, lobisomens são humanos e animais, o último encenando repetidamente essa transição, assim como o fazem as variações de Jekyll e Hyde — com sua fórmula proto-Jack, o Estripador —, de uma humanidade socialmente correta para uma animalesca e bestial. Por outro lado, em sua morte, a vampira feminina é tipicamente transformada de morta-viva altamente sexualizada em cadáver virginal, tornando-se humana, ou pelo menos mulher, mais uma vez. Hannibal Lecter é comparado a um vampiro em certo ponto de *Silêncio*, um monstro apropriadamente aristocrático. No romance de Harris, inclusive, Starling se sente "subitamente vazia, como se tivesse doado sangue"[83] após seu primeiro encontro com ele.

Em termos de arquétipos do horror, Buffalo Bill é uma espécie de composição perversa de Frankenstein e de sua criação monstruosa em um único ser, costurando uma nova pele que lhe fornecerá uma identidade social integrada, assim como a noiva que Frankenstein construiu — e depois destruiu — para seu monstro. Em outro sentido, Bill também é animalesco, pois ele persegue e prepara armadilhas para suas presas. Ele é mais explicita e simultaneamente humano e animal quando imita os gritos de Catherine Martin, puxando sua camiseta para a frente como se desejasse revelar os seios de uma mulher. Já vimos que as metáforas da transformação desempenham um papel central em *O Silêncio dos Inocentes*, expressas em um rico imaginário de criaturas aladas. Em outra reflexão, defini tanto Starling quanto Gumb como "transgressores em suas vestimentas".[84] A tentativa perversa de Gumb de construir um corpo feminino para si mesmo pode ser comparada às aspirações transversais de Starling entre classes e o investimento que ela faz na masculinidade — visto que o FBI e as figuras de autoridade são codificadas como "masculinas". Assim,

Buffalo Bill faz uma imitação exagerada dos gritos de Catherine Martin

os dois formariam uma dupla mais que adequada, com Buffalo Bill sendo um homem que investe na feminilidade — algo que o filme apresenta como um tipo de desejo perverso — e Starling sendo uma mulher cujas ações são enquadradas por termos masculinos. Mesmo assim, o apelido de Gumb enfatiza uma herança masculina, enquanto a caracterização de Starling é tão poderosa justamente por indicar uma figura transitória e não unidimensional, destemida e vulnerável. Em outros termos, a travessia de fronteiras é uma característica não apenas de figuras heroicas como também de figuras monstruosas.

Enquanto as aspirações de Starling são validadas como heroicas no contexto do filme, as de Gumb — e eu diria que as de Lecter também — são monstruosas, patológicas e destrutivas. Mesmo assim, o monstruoso pode ser atraente, afinal, Lecter sem dúvida é um vilão atraente. Já vimos que ele vai além da explicação típica — "ele é um monstro". Como canibal, ele literalmente ingere suas vítimas, quebrando um tabu cultural. Staiger chama a atenção para os repetidos trocadilhos que os críticos contemporâneos fizeram sobre gosto e comida ao escrever sobre o filme,[85] quase como se o canibalismo de Lecter fosse uma fonte de prazer, encenando uma fantasia tabu que agrada — ou certamente fascina — tanto quanto repele.

Em certo sentido, o autocontrole insano de Lecter funciona como uma crítica perversa à busca da cultura ocidental por autoconhecimento. Terapias, exercícios físicos e abordagens de autoajuda são estratégias de prevenção diante da morte: o desejo de Starling por progressão profissional, o desejo de transformação de Gumb, as ambições de Fredrica Bimmel de um emprego na cidade grande. E, sobrepondo tudo isso, está a preocupação permanente de programas de entrevistas e manuais de autoajuda com gênero e identidade sexual. Não é nenhuma surpresa, portanto, que o filme tenha sido considerado um marco feminista de um lado e uma articulação preocupante do pânico homofóbico do outro.

O Silêncio dos Inocentes situa sua narrativa, e até mesmo seu terror, nas incertezas geradas pela mudança social, à medida que as concepções sobre o que significa ser homem ou mulher, e o que deveríamos ou poderíamos ser, estão em constante transformação e evolução. O que significa ser um homem, ser uma mulher, tentar realizar seus próprios desejos? Lecter e Buffalo Bill materializam suas fantasias por meio de suas vítimas. O senso de superioridade de Lecter é evidente em seu consumo de carne humana. Já as aspirações de Bill são direcionadas a moldar e vestir a carne de suas vítimas. Por outro lado, as aspirações de Starling — na verdade, seu desenvolvimento ao longo do filme — são de um tipo bem diferente. A história do Barba Azul, que talvez seja o conto de fadas mais óbvio com o qual *O Silêncio dos Inocentes* possa ser associado, é um ponto de referência útil nesse contexto. No conto, Barba Azul diz à nova esposa que ela pode abrir qualquer porta no castelo, menos uma. Incapaz de conter a curiosidade, ela desobedece ao marido, descobrindo um segredo sangrento na proibida câmara secreta: as esposas assassinadas que estiveram no lugar dela anteriormente e às quais ela agora deve se juntar.[86] Por meio de sua protagonista feminina em constante busca, *Silêncio* reinventa a história do Barba Azul como uma parábola de violência masculina, em vez de um conto admonitório sobre manter-se em seu lugar, adicionando à narrativa de serial killer uma ressonância contemporânea distinta.

Reunindo psicologia, perfis criminais e patologia forense, *O Silêncio dos Inocentes* investe em uma tentativa de interpretar identidade e motivação a partir de uma ação ou comportamento, além da visão do próprio corpo, esteja ele vivo ou morto. Ao mesmo tempo, o filme nos fornece monstros, desejos e ações que parecem inexplicáveis. No entanto, horror e investigação não estão em conflito, sendo mediados pelos temas e dispositivos narrativos típicos de filmes com protagonismo feminino. Assim, *O Silêncio dos Inocentes* exemplifica uma preocupação cinematográfica e cultural com a ideia de penetrar na pele, seja por meio das ferramentas fornecidas pela ciência ou da violência brutal. As disciplinas científicas e a violência criminal, cada uma à sua maneira, abrem a mente e o corpo para o escrutínio dos especialistas, seja ele malévolo ou benigno.

O SILÊNCIO DOS INOCENTES
Entre Cordeiros e Monstros

SIMBOLISMO, TRANSFORMAÇÃO E SILÊNCIOS

A linhagem e o legado de *O Silêncio dos Inocentes* se tornaram mais evidentes nos trinta anos posteriores ao seu lançamento. Referenciando e aprofundando *Psicose*, o thriller principal de Hitchcock, *Silêncio* sublinhou o potencial comercial do terror, explorando o fascínio por perfis criminais e ciência forense. Esse foco forense e o protagonismo do filme estar centrado em uma investigadora determinada, retratada como heroica e vulnerável, alimentou o desenvolvimento subsequente do suspense policial — não o do terror, vale dizer — no cinema e na televisão. Embora proeminente nas respostas iniciais ao filme, o desafio de incorporar violência espetacular ao cinema de alto nível e ainda por cima premiado perdeu ímpeto. Os desenvolvimentos do terror como espaço de gênero têm muito a ver com isso. De fato, David Greven caracteriza *O Silêncio dos Inocentes* como o momento em que o terror moderno — uma periodização que ele argumenta começar com *Psicose* — efetivamente termina, dando lugar a gêneros diferentes. "Depois de *Silêncio*", escreve ele, "o terror se tornaria cada vez mais irônico, desconstrutivo, parodístico, metatextual ou pós-moderno."[87] Eu mesma argumento neste livro que *O Silêncio dos Inocentes* é mais ficção popular do que

Jame Gumb trabalhando

horror explícito, combinando um espetáculo grotesco e um filme com protagonismo feminino com elementos góticos somados a ação e elementos de drama policial. Em retrospecto, o filme contribui muito para empreitadas posteriores na televisão policial. Pense na centralidade da análise forense, dos perfis criminais e do grotesco em longas séries policiais como *csi*, *Bones* (Fox, 2005-17) e *Criminal Minds* (cbs, 2005-20).

O Silêncio dos Inocentes insuflou de forma significativa uma preocupação com as normas de gênero e sua ruptura de uma maneira mais sutil — mas claramente relacionada — à revelação chocante empregada em *Psicose*. Por mais discreto que tenha sido na época de seu lançamento, de um modo que é importante levar em consideração, o filme de Demme continua a fascinar até hoje. Um sem-número de *fanarts* aponta para a contínua ressonância e fascínio pelo casal Starling/Lecter — em contraste com a figura abjeta e inquietante de Buffalo Bill. Na cultura midiática, o personagem Hannibal Lecter ganhou visibilidade renovada por meio da série da nbc *Hannibal* (2013-15), enquanto a série da cbs *Clarice*, ambientada após a captura de Buffalo Bill por Starling, estreou em 2021. No campo da pesquisa acadêmica, o filme continuou recebendo atenção considerável, emoldurado por debates sobre horror, terror, representação *queer* e perspectivas feministas sobre gênero e identidade.

A figura de Lecter até agora — e notavelmente a atuação de Hopkins — teve uma existência significativa após o sucesso de *O Silêncio dos Inocentes*. Os números extraordinários de vendas do romance *Hannibal* de Thomas Harris, publicado em 1999, devem muito à visibilidade cultural garantida pelo filme de Demme. Enquanto Foster se recusou a interpretar Starling novamente, Hopkins voltou ao papel de Lecter em *Hannibal* e em *Dragão Vermelho* (Estados Unidos, Brett Ratner, 2002), o último revisitando o primeiro romance de Harris com o personagem enquanto utilizava os cenários do hospital psiquiátrico do filme de Demme. O carismático assassino também serviu de base para a trama de *Hannibal: A Origem do Mal* (Estados Unidos, Peter Webber, 2007) — um fracasso de crítica e comercial —, além da série da NBC *Hannibal*, com Mads Mikkelsen no papel de Lecter. Nesse caso, a caracterização da série e a relação com Will Graham, perfilador criminal do FBI, foram explorados de forma produtiva por vários críticos e estudiosos em relação ao terror *queer*.[88]

Discutindo os romances de Harris, Stephen M. Fuller argumenta que *Hannibal*, que termina com Starling e Lecter formando um casal foragido, trabalha abertamente para combater e problematizar os atributos heroicos associados à protagonista em seu próprio livro anterior e no filme de Demme, retoricamente "depondo o totem cultural que ele próprio inventou e [também seu público] exaltou".[89] A integridade e o heroísmo de Starling fornecem ao filme uma bússola central. Embora o romance subsequente de Harris retrate sua carreira estagnada e o FBI como uma instituição corrupta, o filme de Demme também delineia os desafios que o próprio FBI representa para Starling como estagiária ou agente em formação, com sua necessidade de provar repetidamente suas credenciais. Corrupção e interesse próprio, no entanto, estão associados principalmente à figura do dr. Chilton, cujo desejo de promoção e exposição pessoal, somado ao descuido irresponsável, levam à fuga de Lecter.

Muitas críticas populares e acadêmicas sobre *O Silêncio dos Inocentes* têm a ver com questões de estereótipos e de representação. O filme gerou análises de uma porção de perspectivas críticas, bem como resultou em um envolvimento emotivo que foi do desconforto e da raiva até a celebração das imagens empregadas nele. Diversas resenhas populares e estudos acadêmicos que tratam da representação de identidades de gênero e transgênero em diferentes produtos midiáticos citam *O Silêncio dos Inocentes*. Esses debates se dedicam às figuras de Jame Gumb e Clarice Starling em relação aos ideais culturais de gênero. Como vimos, esses dois personagens foram analisados a partir de símbolos de transformação extraídos da natureza: pássaros, borboletas e cordeiros. Por outro lado, o próprio filme relaciona insanidade a comportamentos animalescos — o uivo de Gumb, a violência de Lecter e o canibalismo (fora da tela) —, que são associados, por sua vez, a um estado de ser que é inferior ou não totalmente humano. A possibilidade de transformação e a forma como ela é elaborada e trabalhada em torno de diferentes personagens continua sendo uma das características mais marcantes de *O Silêncio dos Inocentes*. É importante ressaltar que a metáfora da transformação fala tanto dos aspectos fóbicos do filme — a apresentação de Gumb como uma figura trans-monstruosa e iludida — quanto da ressonância da atuação de Foster como uma jovem investigadora se reconciliando com o passado enquanto negocia e vivencia ritos de passagem igualmente pessoais e profissionais.

Desde o lançamento, comentaristas têm expressado desconforto com a caracterização de Gumb/Bill como um assassino em série monstruoso e mal articulado que combina misoginia — evidenciada não apenas no assassinato de mulheres, mas na desumanização de sua prisioneira, Catherine Martin — com aspirações a uma identidade feminil/feminina. Na época do lançamento do filme, a principal preocupação era a possível homofobia presente nele, especialmente devido ao receio e à revolta em relação a imagens negativas que, em um contexto politicamente carregado, poderiam ser interpretadas como uma associação do assassino com a comunidade gay. Tais preocupações foram intensificadas pelo próprio status de *O Silêncio dos Inocentes* como um sucesso comercial premiado e de fato como um filme visualmente sofisticado. Apesar do uso eficaz de diálogo no filme, bem como da *mise-en-scène* em sua caracterização — o roteiro de Ted Tally foi premiado com um Oscar —, *O Silêncio dos Inocentes* dá pouca atenção à psicologia ou à motivação de Gumb. Na verdade, o personagem serve em grande parte como elo de conexão entre Starling e Lecter, fracassando em atuar como contraponto à graduação de Starling no FBI ou à fuga de Lecter. Assim, no caso de Gumb, o que resta é uma imagem de horror intimamente ligada a questões de gênero. John Phillips considera a afirmação do roteiro de que Gumb acredita ser mas não é realmente transexual um exemplo de "negação politicamente correta",[90] argumentando "ser difícil não ler *O Silêncio dos Inocentes* em termos de ansiedade direcionada a transgêneros".[91]

Simplista em sua articulação sobre a identidade de Gumb, um crítico como Greven observa que o personagem é "mais notável por sua incoerência de gênero do que por quaisquer sinais específicos sobre sua sexualidade".[92] Assim, *O Silêncio dos Inocentes* é ao mesmo tempo fascinante e criticável no que diz respeito ao tema da transgressão de gênero. Dessa forma, os personagens de Gumb/Bill e Starling se tornam culturalmente relevantes em um contexto caracterizado pela escassez de representações dessa natureza. Os participantes trans da pesquisa executada por Andre Cavalcante citam imagens da mídia como as de *O Silêncio dos Inocentes* como parte de um contexto hostil a ser navegado por eles: "Esses filmes nos fazem parecer loucos... como se fôssemos monstros. [...] Quero dizer, eles (os personagens) não são *realmente* trans, mas a conexão ainda está lá".[93] Junto de outros protestos contemporâneos contra o filme como representação perversa de masculinidade gay, críticos que estudam transfobia sublinham o efeito e o risco cultural envolvido em tal representação.

O relato sutil de Greven sobre *O Silêncio dos Inocentes* desenvolve sua conexão com o filme com protagonismo feminino — ele o lê, junto de vários outros títulos, como um exemplo "oculto" do gênero —, chamando a atenção para o significado tanto da borboleta quanto da figura de uma mulher transformada pela intervenção terapêutica em *A Estranha Passageira* (*Now, Voyager*, Estados Unidos, Irving Rapper, 1942).[94] Dada a familiaridade cultural da investigadora e das personagens femininas de destaque em dramas televisivos e filmes forenses, vale a pena reiterar o quão incomum era a personagem de Clarice Starling no cinema e na mídia do início dos anos 1990.[95] O impacto dessa caracterização em um gênero que muitas vezes foi enquadrado como másculo/masculino foi impressionante. No entanto, a protagonista feminina representada no filme, uma personagem cujas inseguranças e pontos fortes são entrelaçados de forma muito complexa aos padrões temáticos da narrativa, permanece atípica. Além disso, como observa Greven ao refletir sobre seu próprio envolvimento com a personagem, há certo incômodo na luminosidade de Starling: "*Silêncio* sintetiza — ao mesmo tempo em que também critica — uma tradição de heroínas de ação cuja função principal é o mapeamento, a descoberta e a eliminação da alteridade, da diferença e, portanto, de uma espécie de estranheza".[96] Abordar um filme como *O Silêncio dos Inocentes*, então, envolve negociar uma tensão entre identificar as possibilidades do horror como um espaço de gênero — e do "horror *queer*" de forma mais ampla — e considerar as nuances e o significado da própria representação, sobretudo daqueles tão frequentemente excluídos.

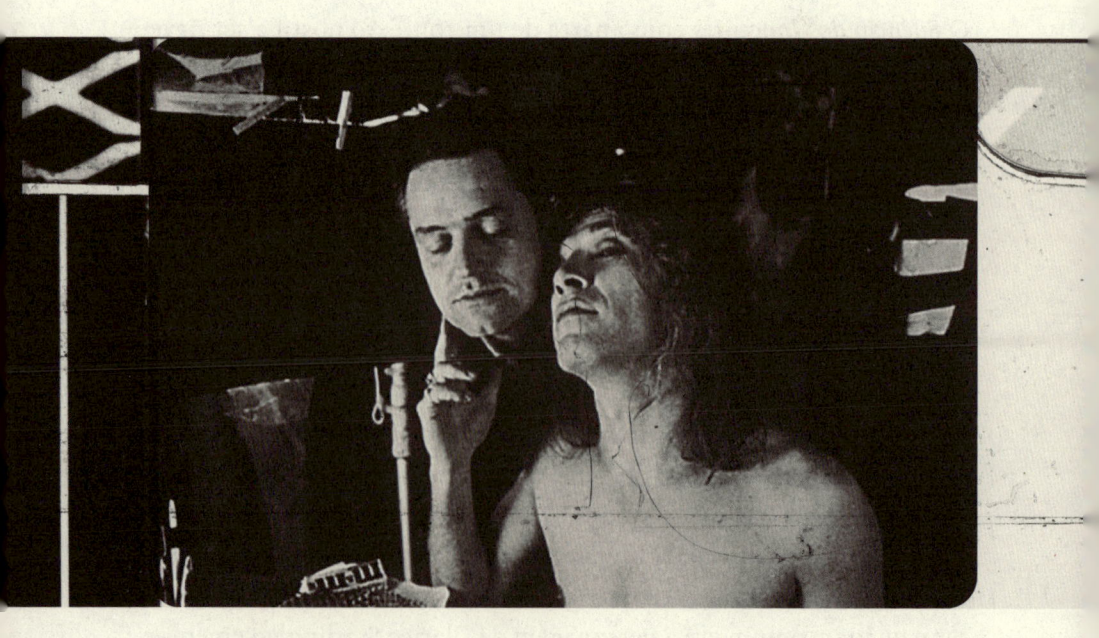

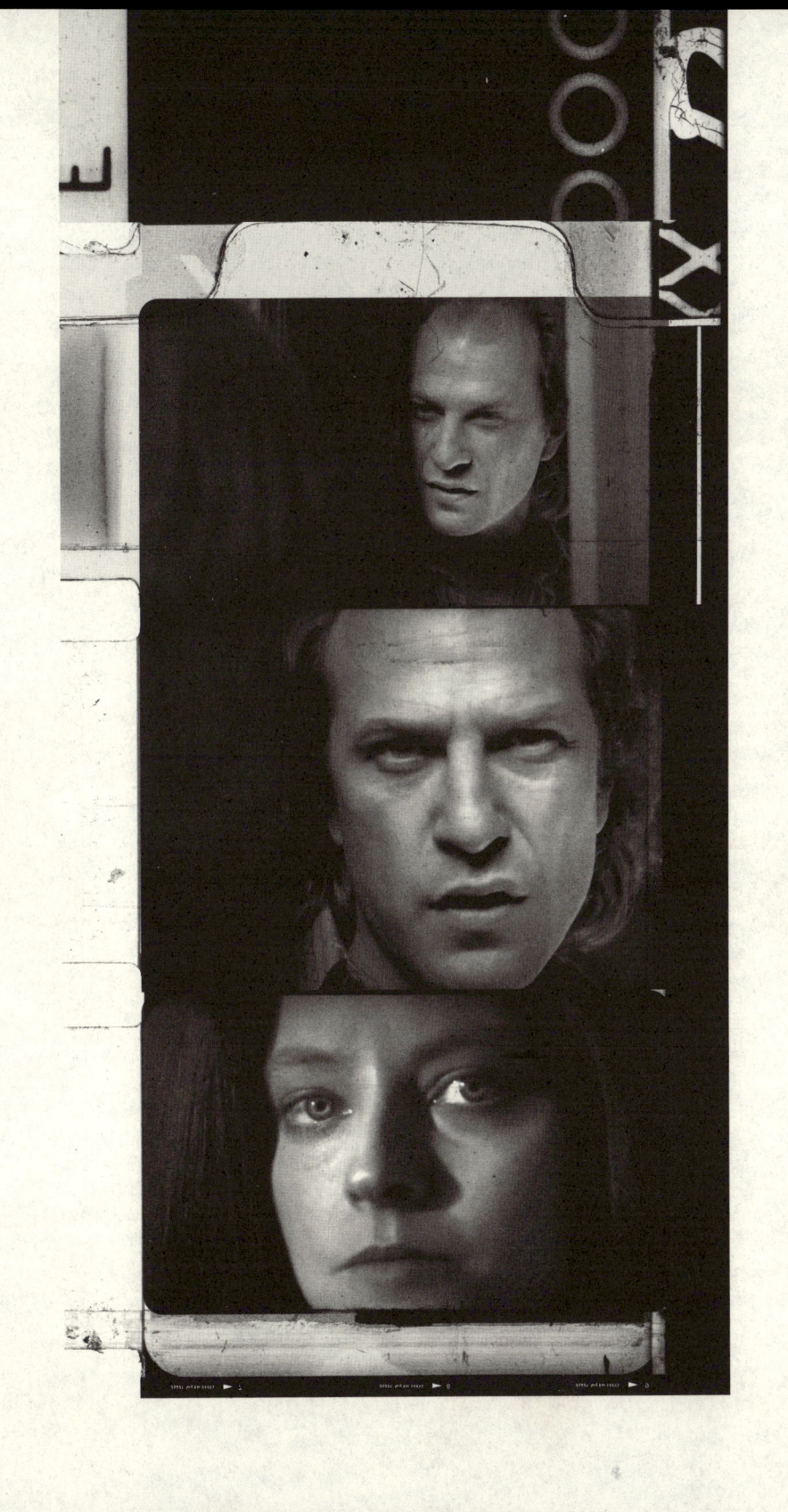

NOTAS

1. Thomas Harris, *The Silence of the Lambs*. 1988; Londres: Mandarin, 1999, p. 196.

2. Ibid., p. 215.

3. Amy Taubin, "Killing Men", *Sight and Sound* vol. 1, n. 1 (NS), maio de 1991, p. 18.

4. Embora Harris mostre Hannibal e Clarice vivendo uma estadia fantástica na América do Sul, ao final do filme Starling continua apegada ao seu trabalho no FBI.

5. Gavin Smith, "Identity Check", entrevista com Jonathan Demme, *Film Comment*, vol. 27, n. 1, jan/fev de 1991, p. 29.

6. Harris, *Silence*, p. 281-2.

7. Ibid., p. 302.

8. Ibid., p. 303.

9. Ibid., p. 204.

10. Ibid., p. 346.

11. Citado em Smith, "Identity Check", p. 29-30.

12. *Uma Secretária de Futuro* (*Working Girl*, Estados Unidos, 1988), de Mike Nichols, e *Erin Brockovich* (Estados Unidos, 2000), de Steven Soderbergh, são duas distintas exceções.

13. Jeanine Basinger, *A Woman's View: How Hollywood Spoke to Women 1930-1960*. Hanover, CT: Wesleyan University Press, 1993.

14. B. Ruby Rich, "Nobody's Handmaid", *Sight and Sound* vol. 1, n. 8 (NS), dezembro de 1991, p. 8.

15. Citado em Smith, "Identity Check", p. 30.

16. Embora o decepcionante *V.I. Warshawski*, estrelado por Kathleen Turner como a heroína policial de Paretsky, tenha sido lançado em julho de 1991, alguns meses depois de *O Silêncio dos Inocentes*.

17. Podemos citar também, é claro, algumas comédias, desde um filme menor como *Deu a Louca nas Federais* (*Feds*, Estados Unidos, Daniel Goldberg, 1988) até o sucesso de bilheteria *Miss Simpatia* (*Miss Congeniality*, Estados Unidos, Donald Petrie, 2000), no qual a agente do FBI vivida por Sandra Bullock se disfarça para participar de um concurso de beleza.

18. *O Silêncio dos Inocentes, Copycat: A Vida Imita a Morte, Seven: Os Sete Crimes Capitais, Beijos que Matam, O Colecionador de Ossos*: nenhum desses filmes teve lançamentos de verão.

19. Carol J. Clover, *Men, Women and Chainsaws: Gender in the Modern Horror Film*. Princeton, NJ: Princeton University Press, 1992, p. 20.

20. A primeira aparição de Nancy Drew foi em *The Secret of the Old Clock*, em 1930. Desde então, ela se tornou muito importante para a indústria publicitária. A Warner Bros. fez vários filmes curtos de Nancy Drew na década de 1930.

21. Daniel O'Brien, *The Hannibal Files*. Londres: Reynolds & Hearn, 2001, p. 81.

22. Ibid., p. 77.

23. Michael Bliss e Christina Banks, *What Goes Around Comes Around: The Films of Jonathan Demme*. Carbondale: Southern Illinois University Press, 1996, p. 143.

24. *Empire*, fev. 2000, p.44.

25. Clover, *Men, Women and Chainsaws: Gender in the Modern Horror Film*, p. 232.

26. Ibid., p. 236.

27. Richard Dyer, *Seven*. Londres: BFI, 1999, p. 73.

28. Bliss e Banks, *What Goes Around*, p. 141.

29. Smith, "Identity Check", p. 29.

30. Clover, *Men, Women and Chainsaws: Gender in the Modern Horror Film*, p. 233.

31. Segundo relato de Zea em "Inside the Labyrinth: The Making of 'The Silence of the Lambs'", documentário incluído no DVD Special Edition de *The Silence of the Lambs* (2001).

32. Tino Balio, *Grand Design: Hollywood as a Modern Business Enterprise, 1930-1939*. Los Angeles: University of California Press, 1993, p. 179.

33. Mark Seltzer, *Serial Killers: Death and Life in America's Wound Culture*. Londres: Routledge, 1998, p. 39.

34. Diana Fuss, *Identification Papers*. Londres: Routledge, 1995, p. 95.

35. Ver Taubin, "Killing Men". Taubin também está presente no documentário *Inside the Labyrinth*.

36. Stephen Harvey, "Writers on the Lamb", *Village Voice*, 5 mar. 1991, p. 56.

37. Alison Darren, *Lesbian Film Guide* (Londres: Cassell, 2000) chama *Instinto Selvagem* de "puro *trash* carnal", um filme politicamente preocupante, mas que também oferece um entretenimento apenas "descontraído e divertido" (p. 19).

38. B. Ruby Rich, "Nobody's Handmaid", p. 10.

39. Michael Mustu, *Village Voice*, 28 de janeiro de1992, p. 48.

40. Brian Jarvis, "Watching the Detectives: Body Images, Sexual Politics and Ideology in Contemporary Crime Film", em Peter Messent (ed.), *Criminal Proceedings: The Contemporary American Crime Novel*. Londres: Pluto, 1997, p. 223.

41. Citado em Messent, *Criminal Proceedings*, p. 12-13.

42. Bliss e Banks, *What Goes Around*, p. 141.

43. Barbara Creed, *The Monstrous-Feminine: Film, Feminism, Psychoanalysis*. Londres: Routledge, 1993, p. 9.

44. Patricia Cornwell, *Postmortem*. Londres: Warner Books, 1990, p. 91-2.

45. Edgar Allan Poe, "The Murders in the Rue Morgue" (1845), em *The Fall of the House of Usher and Other Writings*. Harmondsworth: Penguin, 1986, p. 206.

46. Harris, *Silence*, p. 278-9.

47. Harvey Roy Greenberg, "Psychotherapy at the Simplex", em *Journal of Popular Film and Television*, vol. 20, n. 2, Verão de 1992, p. 13.

48. Seltzer, *Serial Killers*, p. 4.

49. Ibid., p. 16. Robert K. Ressler, com Tom Shachtman, *Mindhunter Profile: Serial Killers*. Rio de Janeiro: DarkSide Books, 2020; John E. Douglas e Mark Olshaker, *Mindhunter: Inside the FBI's Elite Serial Crime Unit*. Nova York: Simon & Schuster, 1995.

50. Cornwell, *Postmortem*, p. 91-2.

51. Dyer, *Seven*, p. 9.

52. Seltzer, *Serial Killers*, p. 131.

53. Harris, *Silence*, p. 183.

54. Karen Halttunen, *Murder Most Foul: The Killer and the American Gothic Imagination*. Cambridge, MA: Harvard University Press, 1998, p. 53.

55. Ibid., p. 49.

56. Jonathan Demme entrevistado por Ana Maria Bahiana, *Cinema Papers* n. 83, maio de 1991, p. 15.

57. Sir Arthur Conan Doyle, "The Mazarin Stone" (1927) em *The Case-Book of Sherlock Holmes*. Harmondsworth: Penguin, 1986, p. 63. É interessante ressaltar que o comentário de Holmes é feito em relação à comida; ele se recusa a comer em razão do esforço digestivo de desviar o suprimento de sangue do cérebro.

58. Mary Ann Doane, *The Desire to Desire: The Woman's Film of the 1940s*. Londres: Macmillan, 1987, p. 124.

59. Tania Modleski, *Loving with a Vengeance: Mass-Produced Fantasies for Women*. Nova York: Routledge, 1982, p. 64.

60. Doane, *The Desire to Desire*, p. 135.

61. Ibid., p. 123.

62. Alexander Walker, "Unhealthy Appetite", em *Evening Standard*. 30 de maio de 1991, p. 26.

63. Bliss e Banks, *What Goes Around*, p. 142.

64. Pam Cook, "No Fixed Address: The Woman's Picture from Outrage to Blue Steel", em Steve Neale e Murray Smith (ed.), *Contemporary Hollywood Cinema*. Londres: Routledge, 1998.

65. Modleski, *Loving with a Vengeance*, p. 65.

66. Thomas Harris, *Hannibal*. Londres: Heinemann, 1999, p. 24.

67. Ibid., p. 27.

68. Modleski, *Loving with a Vengeance*, p. 65.

69. Hugo Davenport, "The Mythic Power of Hopkins' Modern Bluebeard", *Daily Telegraph*, 30 de maio de 1991, p. 15.

70. Harris, *Silence*, p. 157.

71. Martha Gever em "Writers on the Lamb", p. 49.

72. David Sundelson, "The Demon Therapist and Other Dangers: Jonathan Demme's The Silence of the Lambs", em *Journal of Popular Film and Television* vol. 21, n. 1, Primavera 1993, p. 12-17.

73. Harris, *Silence*, p. 78.

74. Patricia Cornwell, *Cruel and Unusual*. Londres: Warner, 1993, p. 397.

75. Patricia Cornwell, *Body of Evidence*. Londres: Warner, 1991, p. 161.

76. Kathy Reichs, *Déjà Dead*. Londres: Arrow, 1998, p. 40.

77. Patricia Cornwell, *The Body Farm*. Londres: Warner, 1994, p. 341.

78. Janet Staiger, "Taboos and Totems: Cultural Meanings of The Silence of the Lambs", em Jim Collins, Hilary Radner e Ava Preacher Collins (ed.), *Film Theory Goes to the Movies*. Londres: Routledge/AFI, 1993, p. 144.

79. Dyer, *Seven*, p. 37.

80. Ivor Davis, *Daily Mail*, 1º de fevereiro de 1991, p. 28.

81. Anthony Lane, "Doctor Death", *Independent On Sunday*, 3 de março de 1991, p. 13.

82. Conan Doyle, "The Adventure of the Blanched Soldier" (1926), em *The Case-Book of Sherlock Holmes*, p. 39.

83. Harris, *Silence*, p. 23.

84. Yvonne Tasker, *Working Girls: Gender and Sexuality in Popular Cinema*. Londres: Routledge, 1998.

85. Staiger pesquisou nos jornais dos Estados Unidos, mas os jornais britânicos apresentam o mesmo repertório, por exemplo, "Horrores Suplementados com Sabor Cavalheiresco" (*Independent on Sunday*, 2 de junho de 1991) ou "Bom de se Devorar" (*Guardian*, 30 de maio de 1991).

86. Em algumas versões do conto, ela é salva de seu destino mórbido.

87. David Greven, *Representations of Femininity in American Genre Cinema: The Woman's Film, Film Noir, and Modern Horror*. Nova York: Palgrave Macmillan, 2011, p. 2. Mark Jancovich discute o status de *The Silence of the Lambs* em relação ao horror no artigo "Genre and the Audience: Genre Classifications and Cultural Distinctions in the Mediation of The Silence of the Lambs", em Mark Jancovich (ed.), *Horror: The Film Reader*. Londres: Routledge, 2002, p. 151-62.

88. Ver, por exemplo, EJ Nielsen & Kavita Mudan Finn, "Blood in the Moonlight: Hannibal as Queer Noir", *Quarterly Review of Film and Video* vol. 35, n. 6, 2018, p. 568-82. Nielson e Finn comentam sobre a relação entre *tropes* góticos e *noir*.

89. Stephen M. Fuller, "Deposing an American Cultural Totem: Clarice Starling and Postmodern Heroism in Thomas Harris's Red Dragon, The Silence of the Lambs, and Hannibal", *The Journal of Popular Culture* vol. 38, n. 5, 2005, p. 832.

90. John Phillips, *Transgender on Screen*. Londres: Palgrave Macmillan, 2006, p. 103.

91. Ibid., p. 106.

92. Greven, *Representations of Femininity*, p. 148.

93. Andre Cavalcante, *Struggling for Ordinary: Media and Transgender Belonging in Everyday Life*. Nova York: New York University Press, 2018, p. 77.

94. Greven, *Representations of Femininity*, p. 62.

95. Para uma reflexão mais detalhada da conexão entre ciência popular e novas configurações da figura da investigadora feminina, ver Lindsay Steenberg, *Forensic Science in Contemporary American Popular Culture: Gender, Crime, and Science*. Londres: Routledge, 2013.

96. Greven, *Representations of Femininity*, p. 161.

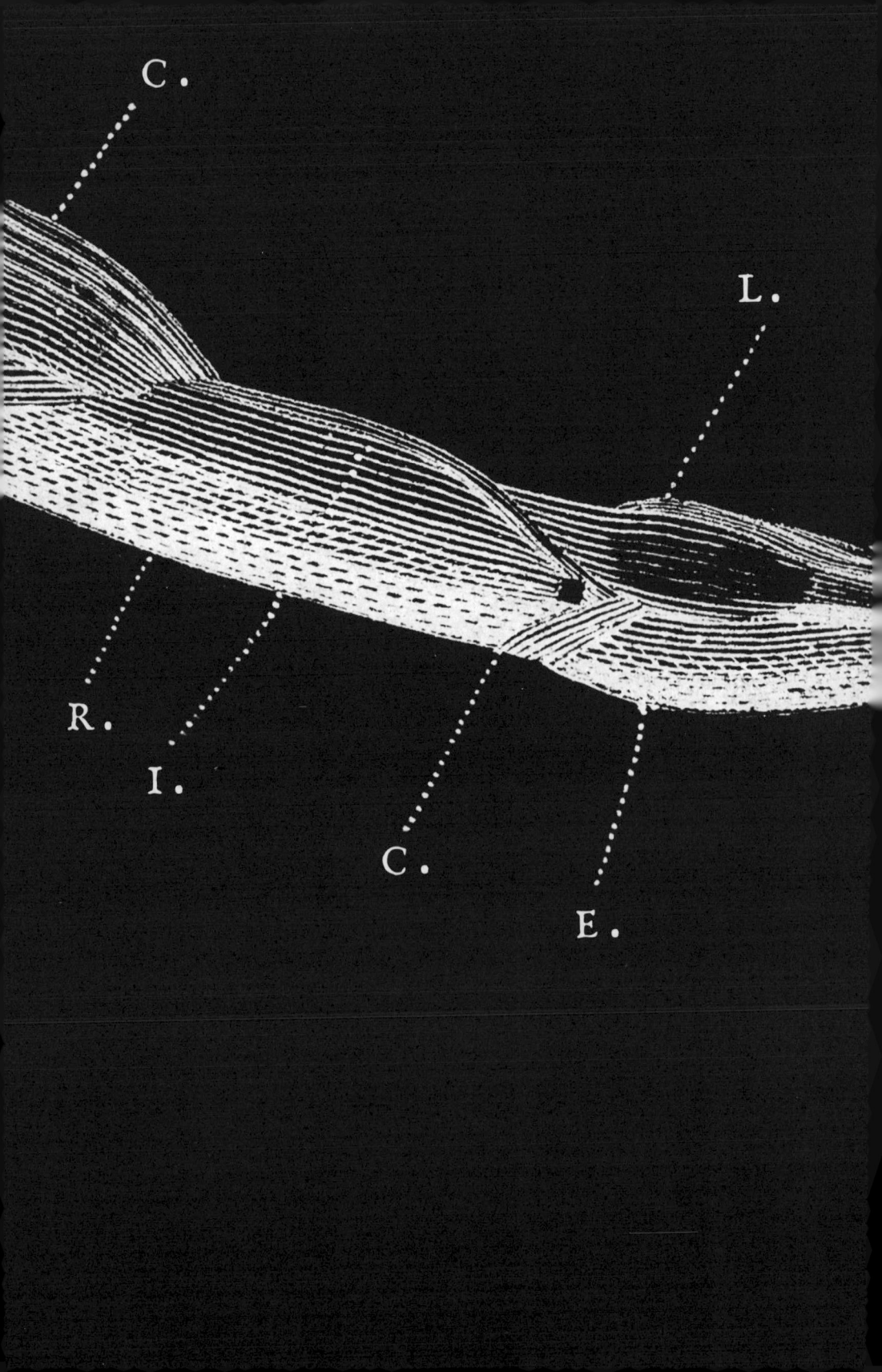

A.

A FILM BY JONATHAN DEMME

the silence of the lambs

O

SILÊNCIO

DOS

INOCENTES

Entre Cordeiros e Monstros

DARKSIDE

BELOS E MALDITOS

por **Nilsen Silva**

A memória, monstro que é, não me permite lembrar da primeira vez em que eu assisti a *O Silêncio dos Inocentes*. A história da detetive no encalço de um assassino de mulheres parece ter estado sempre comigo, tão próxima como se fosse parte do meu corpo, uma memória de infância entranhada na carne, como os domingos de praia que sei que vivi e dos quais me lembro como se fossem um só. Embora eu me recorde vividamente de muitas primeiras vezes, o encontro inaugural com a investigadora determinada e o psiquiatra canibal foi discreto, mas nem por isso menos marcante. Não demorei muito para entender o porquê. Há uma força muito poderosa atuando por trás dessa memória porosa. A história e o propósito de Clarice Starling estão tão arraigados na memória coletiva feminina que muitas de nós respiramos tramas como a de *O Silêncio dos Inocentes* como se elas fossem uma só, como se já nascêssemos com elas tão entretecidas no corpo que o difícil, na verdade, é imaginar um mundo em que elas — e suas heroínas — não nos habitavam.

A obra cinematográfica de Jonathan Demme e o feito literário de Thomas Harris acumulam atributos mil, tendo sido devidamente reconhecidos em grandes premiações e estando para sempre aferrados em suas respectivas tradições de tela e papel. No que tange à obra cinematográfica, seu maior triunfo reside em algo muito mais profundo

— o modo como ela explora as veredas psicológicas e emocionais que as mulheres, em maior ou menor escala, percorrem. *O Silêncio dos Inocentes* não é apenas um suspense psicológico sobre a captura de um assassino; é uma reflexão sobre o encontro inevitável com a face da maldade, seja ela qual for, e como esse encontro desproporcionalmente atinge as mulheres.

No coração pulsante das narrativas góticas, mulheres percorrem labirintos horrendos criados por homens diabólicos. Em *O Silêncio dos Inocentes,* Clarice, quase como uma versão às avessas do mito de Ariadne, percorre esses meandros em busca de um assassino que profana mulheres — e o faz com um monstro ao seu lado. O apelo dessas narrativas, e talvez o próprio apelo de Hannibal Lecter, reside justamente nessa bricolagem perigosa do horror com a humanidade. O mal puro, em sua forma mais bestial e indomável, seria apenas repulsivo; contudo, o mal que reconhecemos, que se mistura com a solidão, com a necessidade de afeto, com o desejo de formar vínculos duradouros, esse é o mal que nos fascina. Hannibal, com toda a sua monstruosidade, torna-se cativante porque transcende o arquétipo do vilão unidimensional. Ele nos força a confrontar a possibilidade de que o monstro não é uma entidade externa, mas algo que pode residir em qualquer um de nós, escondido nas camadas mais sombrias do ser. Ele é a antítese do que a sociedade espera de um ser humano, a encarnação do caos e da bestialidade que desafia os limites entre o humano e o inumano.

Em sua busca desesperada para salvar as vítimas e capturar o assassino, Clarice, uma mulher que tem como missão proteger outras mulheres, está em uma jornada para reafirmar sua própria humanidade enquanto tenta não cair nas garras do monstro. Implacável, sensível e valente, Clarice é uma reinterpretação da heroína clássica, uma personagem que percorre um mundo onde a feminilidade muitas vezes é vista como fraqueza e que precisa conciliar sua força e sua vulnerabilidade com as estruturas patriarcais que a cercam. No embate constante entre Clarice e o patriarcado — personificado pelas inúmeras figuras masculinas ao seu redor, desde o enigmático Hannibal e o grotesco Buffalo Bill até seu próprio chefe e a instituição do fbi —, vemos o reflexo de um feminino miúdo, menos robusto, reservado, mas mesmo assim poderoso, que mostra que a força reside na capacidade de triunfar sobre jugos que procuram diminuí-lo.

Muito se diz sobre não existir *O Silêncio dos Inocentes* sem Hannibal. É inegável que o carismático doutor, por mais breves que sejam suas aparições, imortalizou sua presença. Mas argumento que também não haveria filme sem Clarice, sem sua busca por justiça e sua tentativa de trazer luz ao caos. *O Silêncio dos Inocentes* é uma história sobre monstros, mas é também uma reflexão sobre nossa humanidade, sobre nossa capacidade de sentir. Clarice é a ponte entre a brutalidade e a possibilidade de redenção e sabe que, mesmo diante da escuridão, o poder de salvar e de ser salva permanece nas mãos daqueles, *daquelas*, que ousam saltar no abismo. Que sorte a nossa podermos perambular no mesmo universo fictício e admirar as mesmas estrelas sob as quais ela caminha.

Entre cordeiros e monstros,
Nilsen Silva

NILSEN SILVA é tradutora e editora das marcas DarkLove e Magicae da DarkSide® Books. Pós-graduada em Língua Inglesa e Literaturas pela Universidade Presbiteriana Mackenzie, desde 2018 edita livros escritos por mulheres, ajudando a dar visibilidade a novas vozes femininas na literatura. Como tradutora, assinou livros como *Guerra, Adorável Guerra*, *Gótico Mexicano* e *Rastro de Sangue: O Grande Houdini*. É autora dos contos "Os Lobos na Praia do Pastor" (Café Espacial, 2023) e "Olhos de Semente" (DarkSide® Books, 2023).

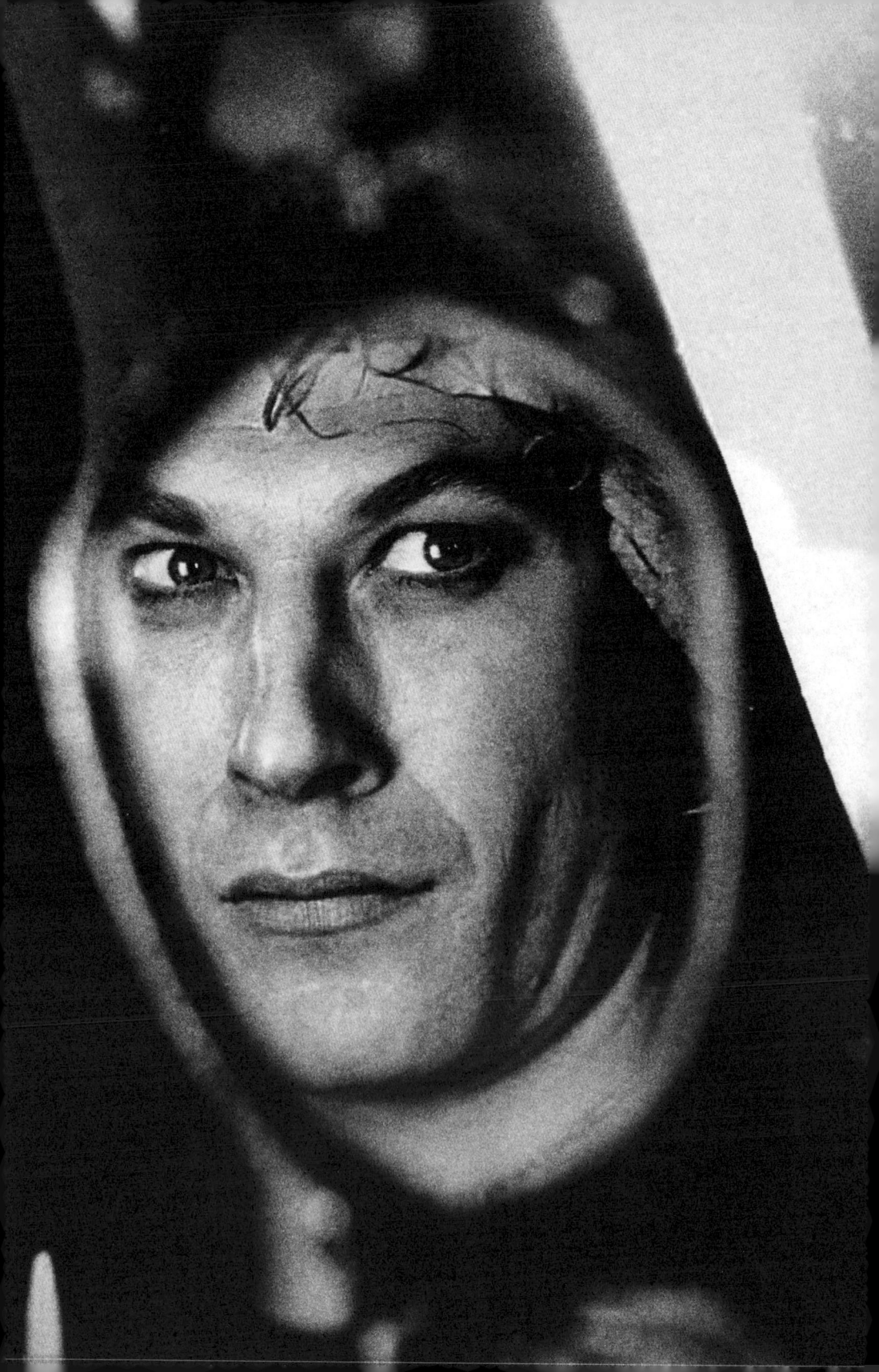

BUFFALO BILL

O personagem Jame Gumb, mais conhecido como Buffalo Bill, se tornou um ícone dos assassinos em série na cultura pop. Baseado em facínoras verdadeiros, Buffalo Bill personifica características e motivações perturbadoras que refletem uma vida marcada por violência e que oferecem uma visão inquietante dos mecanismos psicológicos por trás de sua monstruosidade.

Nascido na Califórnia entre 1948 e 1949, Gumb foi viver em um lar adotivo aos 2 anos de idade, após sua mãe, uma aspirante a atriz, sucumbir ao alcoolismo devido ao fracasso de sua carreira. Aos 10 anos, foi adotado pelos avós, que se tornaram suas primeiras vítimas quando Gumb os matou impulsivamente dois anos depois. Em seguida, Gumb foi internado no Tulare Vocational Rehabilitation, hospital psiquiátrico onde aprendeu a ser alfaiate. Seu relacionamento com Benjamin Raspail terminou de forma trágica. Após ser abandonado por Raspail, Gumb matou Klaus, o novo namorado de Raspail, e o esfolou. Embora omita detalhes de seu passado, o filme sugere uma trajetória de vida traumática, conforme resumido por Hannibal Lecter: "Nosso Billy não nasceu um criminoso, Clarice. Ele foi transformado em um após anos de abuso sistemático".

Gumb sequestra mulheres e as mantém em um poço em seu porão, onde as deixa passar fome até que suas peles estejam soltas o suficiente para serem removidas. Seu modus operandi envolve abordar as vítimas fingindo estar ferido, pedir ajuda, nocauteá-las e sequestrá-las. Em seguida, ele as estrangula e esfola partes de seus corpos, descartando os restos mortais em rios diferentes para destruir as evidências. Esse modus operandi levou a divisão de homicídios de Kansas City a apelidar o criminoso de Buffalo Bill, fazendo uma referência a William Frederick Cody, o famoso Buffalo Bill do Velho Oeste.

Cody era um caçador de bisões, batedor do exército e *showman*, conhecido pelo espetáculo *Buffalo Bill's Wild West*, que dramatizava a vida no Oeste Selvagem. A montagem foi crucial para a construção da imagem do Velho Oeste no imaginário popular. Clarice Starling explica a Hannibal que o nome foi escolhido após uma piada infeliz: "Esse aí gosta de esfolar as ancas". O chiste alude ao fato de que o assassino esfola suas vítimas, uma prática que remete tanto à caça de búfalos quanto ao hábito de Cody de escalpelar suas vítimas. O romance também cita o poema "Buffalo Bill's" (1920) de e.e. cummings; na narrativa, dois colunistas de um grande jornal usam o seguinte trecho do poema em uma manchete: "... como lhe parece seu rapaz de olhos azuis, Senhor Morte". O poema de cummings descreve o Buffalo Bill do Velho Oeste como uma figura defunta, um fragmento poético sobre um herói desvanecido. A frase seguinte do livro revela: "Alguém, possivelmente Crawford, havia colado a citação na parte interna da pasta do arquivo". Talvez Crawford esperasse que seu Buffalo Bill tivesse o mesmo destino que o lendário herói: o esquecimento.

Buffalo Bill é um personagem que estabelece um paralelo direto com a realidade. Sua primeira aparição mostra o assassino com um gesso falso no braço, tentando colocar uma poltrona dentro de uma van. Ele apela para a compaixão da jovem Catherine Martin, que se oferece para ajudá-lo a carregar a poltrona. Essa tática é semelhante à usada pelo serial killer Ted Bundy, que também se aproveitava da vulnerabilidade de suas vítimas para atacá-las. O ato de remover pedaços de pele para criar uma roupa de mulher é uma referência a Ed Gein, cujos crimes incluíam exumar cadáveres e confeccionar roupas feitas de pele. Gein também inspirou outros personagens icônicos, como Leatherface de *O Massacre da Serra Elétrica* (1974) e Norman Bates de *Psicose* (1960). Já a prática de manter as vítimas em um poço no porão remete aos crimes de Gary Heidnik, que sequestrou e torturou várias mulheres em sua casa.

O filme explora com riqueza de detalhes a conexão entre a casa de Buffalo Bill e sua mente distorcida. Seu porão, decorado com pôsteres neonazistas e edredons estampados com suásticas, reflete a convergência entre seu fascínio pelo nazismo, o patriotismo americano e seus impulsos violentos. O diretor Jonathan Demme destacou a importância de desenvolver antagonistas tão fascinantes quanto os protagonistas, afirmando que "qualquer falha nesse quesito diminui a relevância do protagonista". Ele revelou que, ao longo de sua carreira, chegou à conclusão de que seu papel como diretor era ser "o melhor e mais leal amigo de todos os personagens do filme". Apesar das atitudes ou da índole dos personagens — como Buffalo Bill ou Hannibal, tidos pelo diretor como os mais perturbadores com os quais ele chegou a trabalhar —, Demme sentia uma profunda empatia por eles e tentava ao máximo transmitir sua imparcialidade ao espectador.

O paralelo com *Frankenstein* é outro aspecto interessante da construção do personagem. Assim como o monstro de Frankenstein foi criado a partir de partes de corpos diferentes, Buffalo Bill busca criar uma nova identidade costurando as peles de suas vítimas. O ato de confeccionar uma roupa feita de pele humana remete à criação de um ser híbrido e grotesco, simbolizando a tentativa desesperada de Gumb de transformar sua própria identidade e de encontrar seu lugar no mundo. O roteiro de Ted Tally ajuda a moldar a identidade do personagem. Tally escolheu contar a história principalmente da perspectiva de Clarice, o que mantém Buffalo Bill como uma figura enigmática e aterrorizante. A ausência de uma exploração detalhada do passado de Gumb no filme contrasta com o livro de Thomas Harris, que fornece uma visão mais profunda de seus traumas. No entanto, a atuação de Ted Levine e a visão de Demme preenchem essas lacunas, oferecendo uma representação visual e comportamental do personagem que comunica sua psicopatia de maneira eficaz.

Em entrevista, Levine contou que se preparou para o papel visitando a sede do FBI em Quantico e assistindo a vídeos de criminosos reais, incluindo um homem que cavou um buraco em seu porão para aprisionar suas vítimas: "Eu assisti a um vídeo dele sentado em uma cadeira, falando diretamente para a câmera sobre suas intenções. Ele basicamente disse: 'Eu não consigo uma merda de um encontro e me sinto um idiota, então vou ter esse poder sobre as mulheres'". Levine refletiu que Buffalo Bill usa a transformação para obter poder: "Ficou claro para mim que se tratava de poder. Ele era um homem patético em todos os sentidos. Ele queria vestir o manto do poder feminino".

Ao se recordar da cena em que Buffalo Bill liga sua câmera filmadora, envolto em um tecido e com o cabelo penteado de maneira exagerada, Levine mencionou ter se inspirado em figuras do *glam rock* como David Bowie e Lou Reed: "Eu era fã de David Bowie, de Lou Reed e de todo aquele *glitter rock*, daquela androginia *glam*. Acho que Gumb, em algum momento, pensou que poderia ser uma estrela do rock no estilo de David Bowie, aqueles caras que eram realmente masculinos, mas ao mesmo tempo femininos". Buffalo Bill tenta se conectar com essas figuras, mas sua abordagem é distorcida e perigosa. Ele vê a redesignação de gênero como um meio de adquirir o poder que sente lhe faltar, o que o leva a adotar um comportamento violento. Tally reconheceu que calibrar o tom do personagem foi um dos maiores desafios do roteiro: "Se eu não conseguisse entrar na mente dele, não poderia começar a explicar como ele se tornou quem é... Flashbacks de uma infância abusiva... Até que fui salvo pela atuação de Ted Levine e pela direção de Jonathan Demme. Eles disseram: 'Bem, estamos mostrando quem ele é. Ele precisa estar fazendo alguma coisa. Como ele se veste? Que joias ele usa? Que tipo de maquiagem ele prefere? De quais músicas ele gosta?'. Eles resolveram tudo isso no set. Foi muito corajoso da parte de Ted".

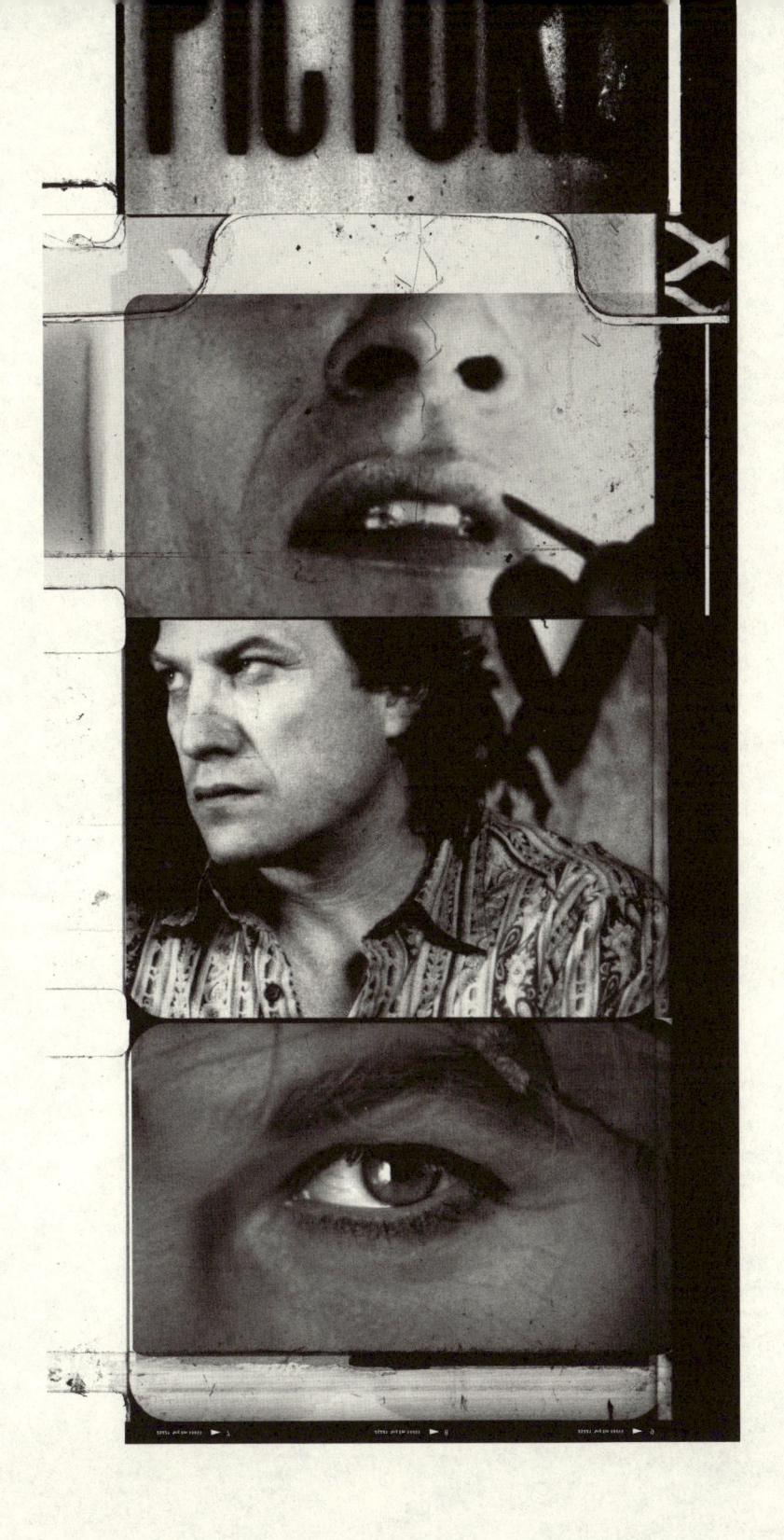

CAÇADOR DE ASSASSINOS

Dirigido por Michael Mann e lançado em 1986, *Caçador de Assassinos* é o quarto filme de Mann, feito no auge do fenômeno *Miami Vice*. Enquanto continuava atuando como produtor executivo da premiada série policial, Mann dedicou-se ao seu amor pelo cinema e adaptou o romance *Dragão Vermelho* de Thomas Harris. Notável por ser a primeira aparição do personagem Hannibal Lecter — ainda que com a grafia Lecktor —, o filme se distingue por seu estilo visual inovador, seu estudo fascinante sobre a natureza do mal e sua influência duradoura no cinema de suspense.

O enredo gira em torno de Will Graham, um ex-agente do FBI conhecido por sua habilidade excepcional em entender a mente de assassinos em série. Graham é persuadido a sair da aposentadoria para ajudar a capturar Francis Dollarhyde, um serial killer conhecido como Fada do Dente. Para entender melhor a mente do criminoso, Graham consulta o preso Hannibal Lecktor, com quem tem um passado complicado.

Em entrevista, o diretor disse que não queria que a adaptação de *Dragão Vermelho* fosse uma simples história de detetive. Para Mann, estar em apuros era essencial; só assim ele conseguiria mergulhar na profundidade psicológica e social por trás da transformação de um indivíduo comum em um assassino perverso: "O que me atraiu para a história foi sua conexão com a essência do mal, que emerge no processo de desumanização que leva um simples ser humano sem um passado excepcional a se tornar um assassino capaz das mais terríveis atrocidades".

Mann é um mestre em capturar paisagens urbanas e a solidão das metrópoles. Seus filmes são repletos de casas desabitadas, quartos de hotel solitários, ruas escuras e arquitetura brutalista. A estética visual escolhida por Mann para *Caçador de Assassinos* utiliza uma paleta de cores vibrantes e uma iluminação estilizada que cria ambientes que são ao mesmo tempo atraentes e perturbadores. Narrar os acontecimentos de forma realista sempre foi muito enfadonho para o diretor: "Minha abordagem é conceitualizar os elementos da trama, levando os vários tormentos do espírito humano em consideração. Meu objetivo é exteriorizar o espiritual de maneira expressionista, o que sempre me leva a rejeitar o realismo".

Várias cenas de *Caçador de Assassinos* situam os personagens em espaços muito carregados metaforicamente; as aparições do ex-agente frequentemente utilizam tons frios e azulados, simbolizando sua introspecção e seu isolamento, enquanto as cenas com Dollarhyde são marcadas por tons vermelhos intensos, refletindo sua violência e sua instabilidade. Mann analisou: "Alguns personagens vivem pesadelos que são bastante reais. Outros se encontram em pesadelos surreais. Para eles, a solução é voltar a colocar os pés no chão. Assim como Scott Glenn em *A Fortaleza Infernal* [filme de 1983 do diretor], Will Graham, o detetive de *Caçador de Assassinos*, se encontra preso, enredado na loucura e no pesadelo".

Em uma cena nos primeiros minutos do filme, depois que Graham chega à casa de uma das famílias mortas, a câmera o acompanha enquanto ele entra pela porta de vidro da cozinha e avança pelo local. As sombras projetadas pela luz da lanterna e sua subida cuidadosa e determinada pelas escadas imediatamente o associam ao assassino. Graham entra no quarto fortemente iluminado, e o contraste da escuridão para a luz é gritante. A claridade revela a cena do crime, com paredes brancas salpicadas de sangue. A imagem é perturbadora e surreal; o antro também parece uma pintura abstrata.

A habilidade de Graham de se conectar com a mente dos assassinos — antecipando suas reações, pensando da mesma forma que eles e fatalmente se tornando seu semelhante — o coloca em uma posição única que também o expõe a um grande sofrimento psicológico. A relação entre Graham e Hannibal é particularmente interessante, pois destaca a tênue linha entre a sanidade e a loucura. Hannibal, apesar de estar preso, exerce uma influência sutil mas poderosa sobre Graham, demonstrando o quão manipuladora pode ser a mente de um psicopata. Já Dollarhyde é retratado com um grau significativo de empatia. Sua infância traumática e seus embates internos são explorados em detalhes, tornando-o um personagem trágico, nuançado e humanizado que, embora cause desconforto, convida o espectador a confrontar a natureza do mal.

Brian Cox ofereceu uma interpretação um tanto diferente da versão de Anthony Hopkins, dando vida a Hannibal com uma sutileza ameaçadora, evitando maneirismos mais exagerados e criando uma presença fria e calculista. Tom Noonan trouxe uma fisicalidade inquietante para Dollarhyde ao mesmo tempo em que conseguiu transmitir a angústia do personagem. William Petersen, por sua vez, expressou com sucesso a dualidade de Graham como um perfilador criminal habilidoso que lida com seus próprios demônios pessoais. Curiosamente, Harris não gostou da adaptação de *Caçador de Assassinos* e estava, nas palavras dele, "meio desanimado com os filmes". O mal-estar com as adaptações só foi mudar alguns anos depois de *O Silêncio dos Inocentes* varrer o Oscar. O autor, que havia ligado a televisão para conferir a previsão do tempo, viu que o filme estava passando e decidiu assistir. Harris, sempre comedido com as palavras, afirmou: "É um filme maravilhoso".

Embora não tenha sido um grande sucesso comercial na época do lançamento, *Caçador de Assassinos* foi redescoberto e ressignificado ao longo dos anos, se tornando um marco no cinema de suspense. Seu estilo visual e sua abordagem psicológica influenciaram muitos filmes e séries de tv subsequentes, incluindo o venerado *O Silêncio dos Inocentes*.

CANIBALISMO

A prática ancestral de consumo de carne humana não possui uma explicação única e absoluta. Ocupando desde um papel simbólico em rituais religiosos ou funerários e praticado em contextos de guerra, fome extrema ou isolamento, o canibalismo reflete a diversidade de crenças e necessidades humanas ao longo dos séculos. O devoramento de semelhantes possui uma longa tradição na arte, desde Homero e William Shakespeare até Agustina Bazterrica e a série de tv *Yellowjackets* (*2021-*). Em *Saboroso Cadáver* (2017), por exemplo, Bazterrica aborda o canibalismo em uma crítica à brutalidade da experiência feminina ao retratar uma sociedade que consome carne humana de forma legalizada após um vírus tornar a carne animal inconsumível. E, em *Yellowjackets*, o canibalismo, além de um meio de sobrevivência, também serve como um catalisador para explorar os limites do que significa estar conectado com outra pessoa em uma teia complexa de emoções.

No universo de Thomas Harris, o personagem Hannibal Lecter apresenta um comportamento canibalista que transcende as associações costumeiras ao medo e ao grotesco para adquirir conotações psicológicas e simbólicas mais complexas. Hannibal desenvolveu tendências canibais como resultado de um trauma profundo durante sua infância na Segunda Guerra Mundial. Após a morte de seus pais e a captura de sua irmã Mischa por soldados nazistas, ele descobriu mais tarde que inadvertidamente comeu parte dela. Esse episódio avassalador desencadeou uma obsessão compulsiva pelo canibalismo, que ele viu como uma forma de vingança contra aqueles que considerava indignos ou desrespeitosos. Ao longo dos anos, Hannibal assumiu sua monstruosidade e a canalizou em uma série de assassinatos meticulosos, moldando sua identidade como um assassino em série de alto nível.

Hannibal não é apenas uma personificação do canibalismo grotesco; ele representa uma figura paradoxal que combina inteligência, sofisticação e brutalidade. Sua dualidade desafia a dicotomia tradicional entre barbárie e cultura, sugerindo que o canibalismo pode ser compreendido como um ato de extrema violência e também como uma forma de subversão e de crítica social. A relação de Hannibal com suas vítimas é intrinsecamente ligada ao poder e ao controle; ele consome seus inimigos física, psicológica e emocionalmente. Hannibal é um monstro, uma entidade primitiva que provoca repulsa e horror, mas também é elegante e carismático. O canibalismo do psiquiatra, portanto, sobrepuja o horror visceral para explorar temas mais amplos de moralidade, identidade e poder, agregando nuances que fazem com que ele se torne um personagem extremamente complexo.

A série *Hannibal* (2013-15), a propósito, não perde a oportunidade de brincar com o canibalismo. Embora o espectador saiba que Hannibal está servindo carne humana para os seus convidados, os pratos são tão bem apresentados e vistosos, graças ao excelente trabalho do consultor culinário e da *food stylist* da produção, que nos permitimos esquecer desse detalhe horripilante — pelo menos até algum personagem colocar a primeira garfada na boca.

Para Bryan Fuller, *showrunner* da série de tv, investir na minúcia de detalhes que explicaria a origem e a motivação do canibalismo de Hannibal não foi uma prioridade. Em entrevista, ele postulou que queria "sugerir certos aspectos do passado de Hannibal que podem ter complicado sua identidade, mas não a definiram. Ele é e sempre foi Hannibal, mas não é invulnerável à dor e à perda". O ator Mads Mikkelsen, que interpretou o psiquiatra na série de tv, fez uma leitura similar: "Não queríamos que ele fosse um psicopata como todos os outros. Se fosse esse o caso, teríamos que explorar seu passado, entender o que o levou a ser assim, então a história se tornaria banal. Não gostamos muito da ideia de desvendar o passado dele. Preferimos mostrá-lo como um homem capaz de sentir emoções e empatia".

O ato de canibalizar o outro é visto como uma forma de dominação, um processo pelo qual Hannibal elimina seus oponentes em uma espécie de comunhão macabra. Suas vítimas geralmente são pessoas que ele considera rudes ou indignas, e, ao devorá-las, ele elimina essas falhas em um ato que pode ser interpretado como uma forma perversa de possessão. As interações do psiquiatra com outros personagens revelam camadas adicionais dessa prática. O fascínio de Hannibal por Clarice Starling ultrapassa a mera curiosidade; ele a vê como um espírito afim, alguém que pode respeitar e admirar. Em vez de consumi-la fisicamente, ele opta por uma forma diferente de subjugação, oferecendo-lhe orientação no caso de Buffalo Bill.

O canibalismo também pode ser interpretado por meio de uma lente antropológica. Em algumas culturas, a antropofagia ritual é vista como uma forma de honrar os mortos ou de absorver suas características. Embora as atitudes de Hannibal sejam claramente distorcidas e moralmente condenáveis, elas podem ser vistas como uma subversão dessas práticas culturais a partir do momento em que, valendo-se da violência, ele redefine os termos da conexão e da intimidade. Ademais, o canibalismo de Hannibal também pode ser analisado à luz de teorias psicanalíticas, especialmente aquelas que exploram os impulsos primitivos e as motivações inconscientes do comportamento humano. Sigmund Freud falou sobre a ambivalência de emoções como amor e ódio, e como elas podem se manifestar de maneiras aparentemente paradoxais: "A observação clínica não só demonstra que o amor, com uma regularidade inesperada, é frequentemente acompanhado pelo ódio (ambivalência), e que, nas relações humanas, o ódio muitas vezes antecede o amor, mas também que, em certas circunstâncias, o ódio se transforma em amor e o amor se transforma em ódio". No caso de Hannibal, o ato de devorar outro ser humano pode ser visto como a grande expressão dessa ambivalência, onde o desejo de destruir e o desejo de se unir se fundem em um único ato — o canibalismo como forma de amor.

Essa perspectiva é muito evidente na série de TV, sobretudo quando consideramos o amor romântico — "profundo e inevitável", nas palavras do ator Hugh Dancy, que interpreta Graham — que Hannibal nutre por Will Graham. Além do fascínio e da atração que Hannibal sente por Graham, o perfilador criminal desperta nele um desejo profundo de conexão. A metáfora do canibalismo ganha aqui uma dimensão particularmente rica: a fome de Hannibal por Graham não é apenas metafórica, mas também literal, sugerindo uma busca por nutrição espiritual a partir da proximidade de Graham. Sendo assim, a antropofagia de Hannibal transcende a violência para se tornar um ato de intimidade física extrema.

Fuller observou que Hannibal, ao encontrar em Graham um exemplo tão puro de humanidade, é irresistivelmente atraído por ele, a ponto de querer se aproximar de algo que talvez tenha mantido à distância por essa mesma razão: "Trata-se de humanizar o diabo e reconhecer que Hannibal, embora seja uma figura demoníaca e um vilão, também é o herói de sua narrativa. Essa é a essência de seu relacionamento com Will Graham. Ele quer extrair as características que Will possa ter considerado inadequadas nele mesmo e lhe dar permissão para aceitá-las". Ao devorar seus semelhantes, Hannibal reafirma sua monstruosidade e revela a interseção entre a violência, o desprezo e o desejo de conexão, criando uma narrativa onde o canibalismo se torna uma forma de expressão de relações intensas e multifacetadas.

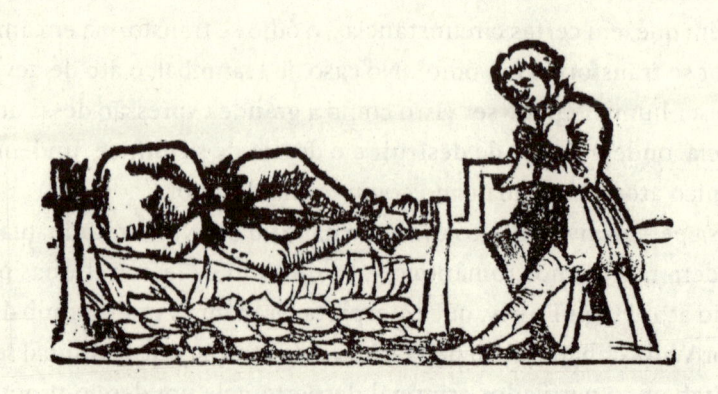

CÃO

Em *O Silêncio dos Inocentes*, tanto na versão literária de Thomas Harris quanto na adaptação cinematográfica de Jonathan Demme, o cão aparece como um elemento simbólico sutil, mas carregado de significado, sobretudo em relação ao personagem Buffalo Bill. Apesar de o cinema de horror frequentemente retratar cães como criaturas monstruosas e ameaçadoras — *Cujo* (1983) e *O Enigma de Outro Mundo* (1982), por exemplo — ou seres descartáveis que são mortos de forma cruel na primeira oportunidade — *Psicopata Americano* (2000), *Horror em Amityville* (2005) e o inspirado *A Colina Escarlate* (2015) —, neste caso, a abordagem é inesperadamente distinta: a cachorrinha Preciosa é delicada, graciosa e termina o filme sã e salva.

No prefácio de *Dragão Vermelho*, Harris discorre sobre como a presença de cães quase selvagens influenciou seu processo criativo. Instalado em uma cabana isolada por um ano e meio, Harris se deparou com uma matilha de cães que vagava pelas plantações do Mississippi. Os uivos penetrantes e a presença contínua na escuridão refletiam a incerteza que o autor enfrentava enquanto desvendava os mistérios da trama, e a convivência com os animais ofereceu ao autor uma companhia inesperada e acabou por ajudá-lo a criar a atmosfera de tensão essencial para o romance.

Essa conexão entre humanos e cães é uma poderosa ferramenta narrativa em *O Silêncio dos Inocentes*, onde encontramos uma dinâmica semelhante na relação entre Buffalo Bill e Preciosa. O nome da cachorrinha sugere algo de grande valor, que deve ser protegido e cuidado. Esse contraste acaba por enfatizar a distorção moral do assassino, que, apesar de sua brutalidade, mantém uma ligação afetiva com Preciosa, tratando-a com carinho. No romance, essa dinâmica é explorada com mais detalhes; Buffalo Bill demonstra resquícios de sua humanidade ao se preocupar com a segurança de Preciosa, dizendo: "Preciosa, largue isso. Você se espeta com um alfinete e aí o que a gente faz?". Ele também é descrito relaxando na cama com a cachorrinha, expressando afeto ao dizer: "Você é uma daminha perfeita". Além disso, Buffalo Bill se faz valer de uma série de vocativos carinhosos para se referir à cachorrinha, como "safadinha", "bobinha", "gorduchinha" e "belezinha". No filme, além de vermos a gentileza com que Buffalo Bill trata Preciosa, há a prova de amor verdadeiro que é deixar a caminha posicionada ao lado de sua máquina de costura, que sabemos ser importante para ele por causa de seu arco narrativo em que se dedica a confeccionar uma roupa de mulher.

Na literatura e no cinema, é comum ver animais de estimação de antagonistas e vilões servindo como metáforas para aspectos de suas psicoses ou para salientar características contrastantes, como é o caso de Norman Bates em *Motel Bates* (2013-17), que adota o cachorro Juno, e Annie Wilkes em *Louca Obsessão* (1990), que tem um porco chamado Misery. Esses animais humanizam os vilões e podem simbolizar desejos reprimidos, solidão ou até mesmo uma tentativa de normalizar suas vidas. No caso de Buffalo Bill, a relação com Preciosa pode ser interpretada como uma tentativa do assassino de manter um senso de controle e de se conectar emocionalmente com algo, ainda que de maneira distorcida.

As referências ao animal também estão presentes no livro em outros contextos. Em uma cena, Hannibal é comparado a um cachorro que mata um rato ao sacudir a cabeça, realçando o contraste entre sua fachada de civilidade e sua essência feroz. Em outra, Will Graham é descrito como o cão de caça mais esperto da matilha de Jack Crawford, sublinhando sua tenacidade e sua habilidade investigativa, mas também a relação de lealdade e de subordinação a Crawford, como se ele fosse uma extensão dos instintos de caça do próprio chefe. Na série de tv, a relação de Graham com os cães de rua que adota e cuida em sua casa isolada destaca um aspecto decisivo de sua personalidade: sua necessidade de conexão emocional. Esse vínculo com os animais funciona como um antídoto para a escuridão que domina sua mente e para os casos com os quais deve lidar, revelando uma faceta mais vulnerável e humana do personagem.

No desfecho do filme, Catherine Martin finalmente é resgatada do cativeiro. Ao ser escoltada para fora da casa do assassino, ela não solta Preciosa. A cena mostra a jovem segurando firmemente a cachorrinha — que, de um jeito ou de outro, salvou sua vida — enquanto caminha em direção à ambulância.

A cachorrinha Darla, que conquistou o estrelato ao interpretar Preciosa em *O Silêncio dos Inocentes*, também atuou em filmes como *Batman: O Retorno* (1992), *As Grandes Aventuras de Pee-Wee* (1985) e *Meus Vizinhos São um Terror* (1989). Após uma carreira bem-sucedida, Darla se aposentou em Thousand Oaks, Califórnia, onde viveu até quase os 18 anos. Conforme relatado por sua treinadora, a pequena estrela tinha uma paixão: "Ela adorava roubar meias".*

159

CHIANTI & AMARONE

O Chianti, vinho tinto produzido na região da Toscana, é conhecido por seu sabor robusto, que geralmente inclui notas de frutas vermelhas, ervas e especiarias. A imagem de Hannibal Lecter saboreando um bom Chianti enquanto degusta o fígado de uma vítima ilustra sua dualidade — ele é ao mesmo tempo um monstro e um conhecedor de alta cultura. A escolha não foi aleatória; o Chianti é conhecido por ser um vinho clássico e elegante, muitas vezes associado a jantares finos e à alta gastronomia. Ao mencionar o vinho em um contexto tão macabro, Hannibal subverte a expectativa de que a alta cultura e a violência são mutuamente exclusivas, salientando seu gosto refinado e sua erudição. Ele não é um assassino qualquer; é alguém que combina a barbárie com a sofisticação.

A morte de Miggs, prisioneiro que engole a própria língua após uma provocação de Hannibal, representa uma justiça poética brutal: Miggs paga por suas palavras vulgares e ofensivas dirigidas a Clarice Starling literalmente com a própria língua. Hannibal, que se encontra fisicamente restrito e incapaz de usar as mãos para infligir dano, recorre às suas armas mais potentes: a voz e a manipulação psicológica. Ao fazer de sua persuasão uma arma letal, ele subjuga Miggs e o pune por sua indelicadeza. "Eu jamais desejaria que isso acontecesse com a senhorita. Não tolero nenhum tipo de grosseria", Hannibal diz para Clarice após o episódio em que Miggs lança seu próprio sêmen contra ela. Embora não coma a língua de Miggs, é como se Hannibal a devorasse mesmo assim.

Em entrevista, o ator Anthony Hopkins revelou que concebeu Hannibal como uma máquina de perfuração de couro — uma máquina de matar que opera de maneira metódica, repetitiva e desprovida de emoções, executando sua tarefa com uma precisão quase cirúrgica. Esse caráter quase moriartiano de Hannibal, que remete ao brilhantismo e à frieza calculista do arqui-inimigo de Sherlock Holmes, contrasta fortemente com a percepção que o ator, avesso a confrontos e a qualquer forma de violência, tem de si mesmo: "Raramente trabalhei com pessoas que agem de forma oposta. A instabilidade emocional me assusta, pois acredito que é algo que seja passível de controle, entende? O que realmente me afeta é a falta de gentileza, a loucura e a crueldade injustificada, sobretudo por meio das palavras".

Na série de TV, durante uma sessão de terapia, o perfilador criminal Will Graham conversa com Hannibal sobre o antagonista Mason Verger. O psiquiatra afirma: "Sempre que possível, deve-se tentar devorar os indelicados". Graham concorda: "Mason Verger é um porco. Ele merece ser o bacon de alguém". A série também alude à clássica cena do Chianti, ainda que de forma mais discreta. Em um episódio, ao ouvir a campainha tocar, Hannibal diz para a consultora do FBI e professora Alana Bloom: "A última vez que alguém tocou a campainha tão cedo assim, era um recenseador".

No livro *O Silêncio dos Inocentes*, Hannibal menciona o vinho Amarone em vez do Chianti. O Amarone é outro vinho tinto italiano, mas a escolha foi alterada para o filme, possivelmente porque o Chianti seria mais facilmente reconhecido pelos espectadores. Aceita uma taça?

CLARICE STARLING

Nascida em uma pequena cidade na Virgínia Ocidental, Clarice Starling enfrentou a perda de seu pai, um delegado, aos 10 anos, o que a levou a ser acolhida por parentes em uma fazenda em Montana. Após fugir, passou o restante da infância em um orfanato luterano. Demonstrando um admirável desempenho acadêmico, Clarice ingressou na Universidade da Virgínia, onde se formou em psicologia e em criminologia. Durante seus estudos, trabalhou como conselheira em um centro de saúde mental, onde conheceu Jack Crawford. Um seminário de criminologia ministrado por Crawford despertou nela um profundo interesse pelo campo da investigação criminal e incentivou sua decisão de integrar o FBI.

Personagem central de *O Silêncio dos Inocentes*, Clarice oferece um estudo profundo sobre vulnerabilidade e força, ambição e trauma, além de representar uma crítica incisiva às estruturas de gênero. Desde o início, ela é apresentada como uma agente em formação determinada e competente que enfrenta o sexismo no ambiente de trabalho, refletindo uma realidade presente em diversas esferas profissionais. Clarice é uma personagem moldada por traumas passados, particularmente a perda precoce de seu pai e as experiências vividas no rancho de ovelhas e cavalos, que a assombram e motivam em igual medida.

Jodie Foster, que encarnou a personagem e mergulhou de forma muito visceral no papel, traz uma autenticidade para Clarice que vai além da interpretação convencional de uma heroína de ação. Sua Clarice é tangível, com medos e inseguranças que a tornam verossímil para o espectador. Ao mesmo tempo, sua ética de trabalho e seu arrojo — Clarice salva a vida de Catherine Martin utilizando suas percepções dedutivas e sua perspectiva feminina — fazem dela uma inspiração para mulheres que desejam conquistar seu espaço em campos majoritariamente masculinos.

Foster faz uma leitura interessantíssima de Clarice. A atriz revelou que, para ela, a detetive era definida principalmente pela força de sua voz, que refletia a angústia deixada pelos balidos dos cordeiros. Foster interpreta a experiência traumática como algo que a deixou com uma espécie de quietude, quietude essa que se transpõe em um desejo de corrigir e de superar o passado. Ao longo do filme, vemos Clarice carregando uma sensação de inadequação e sentindo vergonha por não ser mais forte ou assertiva: "É quase uma vergonha de não ser maior, de não ser mais forte, de não ser mais barulhenta, de ter falhado no passado. Acho que foi essa percepção que definiu o papel para mim. Quando entendi que se tratava dessa pessoa tentando superar a insuficiência do corpo em que havia nascido, vi que essa, na verdade, era sua força". Para Foster, essa vulnerabilidade é justamente o que permite com que Clarice possa se identificar com as vítimas, o que faz dela a heroína do filme.

O ator Anthony Hopkins definiu a personagem como um símbolo de resistência em um mundo dominado por estruturas patriarcais, destacando que a posição aparentemente inferior de Clarice ressalta ainda mais sua força: "É uma pessoa menor em um mundo dominado por grandes homens machistas, entrando como o herói, o herói de Campbell". O comentário evoca a teoria do monomito de Joseph Campbell, encapsulada no livro *O Herói de Mil Faces* (1949). O conceito descreve um arquétipo narrativo no qual um herói embarca em uma aventura, enfrenta e vence uma crise, e retorna transformado. Hopkins reconhece que essa dinâmica e, consequentemente, essa jornada é fundamental para o respeito que Hannibal demonstra por ela, reforçando a complexidade da relação entre os dois personagens.

A relação entre Clarice e Hannibal é central para a compreensão de sua psicologia. Hannibal vê em Clarice um espírito afim, alguém que, apesar de sua aparente fragilidade, possui uma força interior indomável. Os diálogos entre ambos são carregados de tensão, e o jogo de poder é constantemente renegociado. Hannibal não subestima Clarice; ele a respeita. Isso fica evidente no desenho a carvão que ele faz da detetive. A ilustração a retrata com um cordeiro no colo, trajando vestes parecidas com a da Virgem Maria, simbolizando o pedestal em que ele a colocou. Para Hannibal, Clarice é pura, ao contrário do mundo corrupto e violento que ele habita. No prefácio de *Dragão Vermelho*, Thomas Harris escreveu: "Eu admirava muito Clarice Starling e acho que fiquei um pouco enciumado ao testemunhar a facilidade com que ele [Hannibal] parecia capaz de entendê-la, sendo que isso, para mim, era uma tarefa dificílima".

Ao analisar as nuances de Clarice, a orientação sexual da personagem gera um debate interpretativo. Embora o roteiro de *O Silêncio dos Inocentes* não forneça evidências explícitas sobre a sexualidade de Clarice, a possibilidade de que ela seja uma mulher sáfica pode ser inferida a partir da análise de suas relações. Um exemplo é a cena em que Clarice, usando um roupão e com o cabelo molhado, compartilha um momento de proximidade com Ardelia Mapp, colega de quarto e também agente em formação, episódio que pode ser interpretado como um indício de uma intimidade que vai além da amizade. Nos minutos finais do filme, Hannibal telefona para Clarice durante o coquetel de formatura do FBI. Quando Clarice se afasta para atender à ligação, ela momentaneamente sai de cena, e a atenção da câmera se volta para Mapp. O enquadramento prolongado na personagem destaca seu olhar fixo na direção de Clarice, sugerindo um vínculo emocional ou uma tensão latente entre as personagens.

A ausência de uma declaração explícita sobre a orientação sexual de Clarice abre espaço para um sem número de interpretações, e alguns críticos argumentam que a relação com Mapp pode ser vista como uma forma de *queer coding*, sugerindo uma identidade sáfica ou lésbica. Além disso, a forma como Clarice lida com as investidas masculinas ao longo do filme, frequentemente ignorando-as ou mudando de assunto, pode ser vista como uma maneira de sugerir uma orientação sexual que não está em conformidade com os interesses hétero-masculinos ao seu redor.

No romance *Hannibal*, a sexualidade de Clarice suscita especulações entre alguns personagens. Margot Verger, Paul Krendler, Mason Verger e Cordell Doemling conjecturam sobre a falta de relacionamentos heterossexuais estáveis de Clarice e sua convivência com Mapp, sugerindo a possibilidade de um relacionamento homossexual. Doemling faz uma observação incisiva: "Starling passou a infância em instituições e, pelo que você está dizendo, não está em uma relação estável com um homem. Ela mora com uma ex-colega de classe, uma jovem afro--americana". Krendler, com um tom mais depreciativo, chega a dizer: "Provavelmente é uma coisa sexual". Margot, por sua vez, oferece uma perspectiva mais respeitosa. Sendo ela mesma uma mulher sáfica, reconhece a privacidade da vida pessoal de Clarice e a defende contra essas insinuações invasivas: "O que quer que ela seja, é assunto dela".

A busca de Clarice por Buffalo Bill também é uma busca por autoconhecimento e redenção. Cada passo que ela dá em direção ao assassino é um passo em direção à reconciliação com seu próprio passado. A simbologia da pupa e da metamorfose, presente na obsessão de Buffalo Bill com mariposas, dialoga com a transformação pessoal de Clarice. Ela, assim como a mariposa, está em constante metamorfose, tentando emergir mais forte. É interessante observar que, no romance *Hannibal*, a potência e a integridade de Clarice, tão fortemente estabelecidas em *O Silêncio dos Inocentes*, parecem se dissipar à medida que ela cede ao encanto sombrio do psiquiatra.

Tanto no livro quanto no filme, a interação entre os dois é marcada por um jogo de poder e uma admiração mútua, mas a força inabalável de Clarice sempre foi um pilar central da personagem. Em *Hannibal*, no entanto, a linha tênue entre respeito e manipulação é cruzada quando eles fogem juntos. Clarice, agora interpretada por Julianne Moore, é capitulada pelo mundo de Hannibal, o que enfraquece sua caracterização original. Retratada como uma policial de ação estereotipada, a personagem vê sua profundidade e sua inteligência investigativa substituídas por cenas exageradas e uma sexualização desnecessária, o que resulta em uma representação desrespeitosa da personagem. Ainda que o espectador possa especular sobre a existência de uma atração entre Clarice e Hannibal em *O Silêncio dos Inocentes* — como na cena em que o psiquiatra encosta na mão da personagem —, esta é apresentada de forma muito discreta, ficando sujeita a análises interpretativas.

Essa percepção sobre os rumos da personagem foi compartilhada por membros da equipe de *O Silêncio dos Inocentes*, que não manifestaram interesse em trabalhar na continuação. Jonathan Demme deixou o projeto por não querer se envolver com uma sequência de qualidade inferior. Já o roteirista Ted Tally não fez uma declaração oficial, mas disse que "devia muito a Tom Harris". Um artigo alegou que Demme não gostou da natureza "lúgubre" do livro e que Tally hesitou quanto aos seus "excessos", mas esses comentários não são oficiais.

Foster também teve reservas sobre a continuação. Ela considerou *Hannibal* "macabro demais" e citou conflitos de agenda. Quando o filme ainda estava em sua fase embrionária, a atriz afirmou não querer interpretar o novo papel escrito para Clarice porque ele tinha "atributos negativos" e "traía" a personagem original. Posteriormente, Foster emitiu uma declaração dizendo que ainda consideraria reprisar o papel se um roteiro mais adequado fosse providenciado. Em uma recente participação em um podcast, a atriz afirmou: "Houve algumas coisas ao longo dos anos sobre reprisar [Clarice], mas tanto Jonathan quanto eu ficamos desapontados por não fazer a sequência. Eu nunca assisti a esse filme".

CORDEIRO

O cordeiro, uma imagem profundamente enraizada na iconografia cristã, simboliza a inocência e a pureza. Em *O Silêncio dos Inocentes*, essa representação ganha um significado perturbador quando Clarice Starling revive um episódio traumático de sua infância: o abate dos cordeiros no rancho de seus parentes.

O cordeiro é frequentemente utilizado na Bíblia para representar inocência e sacrifício. Em Isaías 53:7, por exemplo, lê-se: "Ele foi oprimido e afligido, mas não abriu a boca; como um cordeiro que é levado ao matadouro". Essa passagem evoca a imagem de uma vítima inocente, um tema que repercute profundamente na personagem de Clarice, que se sente compelida a salvar as vítimas de Buffalo Bill, como se cada resgate fosse um esforço para silenciar os balidos dos cordeiros de suas memórias. Em João 1:29, João Batista vê Jesus e diz: "Eis o Cordeiro de Deus, que tira o pecado do mundo". Aqui, o cordeiro é visto como um salvador sacrificial que carrega os pecados e os sofrimentos do mundo. Essa representação também se reflete em Clarice, que, carregando o fardo de seu passado traumático, assume a responsabilidade de combater o mal, tentando trazer um pouco de justiça ao mundo. E, em Apocalipse 6:16-17 — que descreve os tementes a Deus e ao Cordeiro se escondendo enquanto aguardam o Juízo Final —, temos: "Eles gritavam às montanhas e às rochas: 'Caiam sobre nós e nos escondam da face daquele que está sentado no trono e da ira do Cordeiro, porque chegou o grande dia da sua ira, e quem é que pode sobreviver a ele?'". Nessa passagem, o cordeiro é visto não apenas como um símbolo de sacrifício, mas também como uma força poderosa e implacável de justiça. Essa imagem do cordeiro irado, que traz consigo a vingança divina, pode ser comparada à determinação feroz de Clarice em capturar Buffalo Bill. Vale destacar que o *series finale* da série *Hannibal*, intitulado "The Wrath of the Lamb", culmina com Hannibal Lecter e Will Graham unindo forças para matar o assassino em série Francis Dolarhyde, fazendo justiça com as próprias mãos.

O poema "The Lamb" (1789), de William Blake, também explora o cordeiro como um símbolo de pureza e de conexão com o divino. Blake escreveu: "Cordeirinho, quem te fez?/ Sabes quem foi que te fez?". Para o poeta, o cordeiro é uma metáfora para a criação divina, representando a pureza intrínseca da criação de Deus. Essa pureza pode ser vista em Clarice, que, apesar de suas vulnerabilidades, busca proteger os indefesos. Blake também faz uma conexão entre crianças e cordeiros, como em "Holy Thursday" (1789), onde compôs: "O murmúrio das multidões estava lá, mas eram multidões de cordeiros/ Milhares de meninos e meninas erguendo suas mãos inocentes". As crianças, descritas como cordeiros, simbolizam a esperança e a pureza em um mundo corrompido. Clarice, que tenta resgatar essa inocência perdida, se alinha com essa visão, enfrentando o mal para proteger os indefesos.

A fábula "O Lobo e o Cordeiro", de Esopo, ilustra a injustiça tirânica, onde um lobo acusa falsamente um cordeiro para justificar sua morte. A moral da fábula é que os tiranos sempre encontram desculpas para a sua tirania e que é impossível evitar o mal daquele que já decidiu cometê-lo. Essa ideia se aplica à missão de Clarice de enfrentar o mal, protegendo assim os vulneráveis da força predatória de Buffalo Bill, pois ela busca resgatar essas mulheres da desumanização e do terror, tentando restaurar a dignidade e a humanidade que lhes foram roubadas.

Em sua missão, Clarice enfrenta desafios que testam sua força. Seu encontro com Hannibal serve como um confronto direto com o mal e a manipulação psicológica. Apesar de ser um canibal e um assassino, Hannibal oferece insights que ajudam Clarice em sua busca, mas não sem cobrar um preço emocional e psicológico pelo favor. Observador e perspicaz, ele percebe as vulnerabilidades de Clarice e, em muitos momentos, coloca à prova sua determinação e sua integridade: "Você acha que capturar Buffalo Bill e salvar Catherine fará com que os cordeiros parem de balir? Acredita que, assim, eles também seriam salvos e que você não acordaria mais no escuro ouvindo seus lamentos, Clarice?".

Outra referência ao cordeiro ocorre na cena em que Clarice investiga o quarto de Fredrica Bimmel. Quando a personagem se aproxima do parapeito da janela, é possível ver enfeites de ovelhas aparentemente feitos de madeira decorando o ambiente. Mais adiante, no final do filme, quando Catherine sai da casa de Buffalo Bill segurando a cachorrinha Preciosa, um dos policiais tenta tirá-la do colo dela, mas Catherine a segura firme. Esse momento é uma recriação bem-sucedida da tentativa de Clarice de salvar os cordeiros no rancho — até a pelagem da cachorrinha parece a de um cordeiro. Ainda no filme, Hannibal faz um desenho a carvão de Clarice segurando um cordeiro e, ao ouvir sobre a tentativa fracassada da detetive de resgatar os animais, pede costeletas de cordeiro mal passadas para a sua última refeição antes de escapar, prato que alumia sua natureza predatória.

José Andrés, consultor culinário da série *Hannibal*, explicou que seu papel era fornecer ao *showrunner* Bryan Fuller e aos roteiristas algumas ideias sobre como o psiquiatra era quando mais jovem: "Bryan tem uma ideia e me manda um e-mail no meio da madrugada: 'José, Hannibal vai servir cordeiro. Alguma sugestão?'. Mesmo que eu esteja na cama ou em Tóquio, estou sempre pronto para ajudar. Respondo que deve ser um cordeiro, o cordeiro do Senhor, por causa das muitas conotações religiosas envolvidas. Então Janice [Poon, a *food stylist*] entra na conversa. É uma loucura, mas uma loucura criativa. Passamos por muitas idas e vindas, experimentando várias ideias. E, por fim, Janice sugere a apresentação perfeita: um cordeiro sacrificial, com as costelas apontando para cima como uma torre de igreja ou como mãos em oração. Na tela, seu trabalho aparece como uma refeição cinco estrelas, simultaneamente ameaçadora e deliciosa".

DANTE ALIGHIERI

Dante Alighieri é um intrigante ponto de convergência entre a literatura medieval e a ficção contemporânea. De um lado, temos Dante, poeta florentino do século XIV, mais conhecido pelo épico alegórico *A Divina Comédia*, que explora os conceitos de pecado, redenção e moralidade. De outro, Thomas Harris, que criou um dos vilões mais memoráveis da literatura e do cinema, o psiquiatra canibal Hannibal Lecter. A influência de Dante é evidente em vários aspectos da narrativa e da caracterização de Hannibal e cria uma ponte entre o inferno dantesco e a psique complexa do personagem.

Nos livros de Harris, sobretudo em *Hannibal*, a influência de Dante é mencionada de forma explícita. A adaptação cinematográfica da obra também explora essa conexão. Além de ser um psiquiatra canibal, Hannibal também é um ávido estudioso de literatura e de filosofia, tendo um apreço particular pelas obras de Dante. Na cena em que o erudito psiquiatra dá uma palestra sobre Inferno no Palazzo Vecchio, em Florença, ele se concentra no personagem de Pier della Vigna, um jurista italiano e diplomata que foi chanceler na corte do imperador Frederico II. Falsamente acusado de *lèse majesté*, ele foi preso e cometeu suicídio. Hannibal recita os versos 103-108 do Canto XIII, que descrevem a punição daqueles que tiram a própria vida. Nesse círculo, as almas pecadoras não têm permissão para recuperar seus corpos, simbolizando a perda da integridade e da identidade física como parte de sua condenação. Essas almas são condenadas a vagar em uma selva sombria, sofrendo eternamente as consequências de seus atos. Hannibal também cita o verso 151 do mesmo Canto, proferido por uma vítima anônima que expressa sua desesperança: "Faço de minha própria casa a minha forca". Hannibal compara Pier della Vigna a Judas Iscariotes, que, como ele, morreu enforcado por seus atos traiçoeiros.

Ainda no filme, Hannibal entrega a Allegra Pazzi, esposa do inspetor Rinaldo Pazzi, um manuscrito do primeiro soneto de *Vida Nova*, obra de juventude do poeta italiano que narra a história do amor de Dante por Beatriz Portinari, uma jovem da alta sociedade de Florença. A personagem lê o trecho em voz alta; nele, Beatriz devora o coração ardente do poeta nas mãos do Amor personificado. A conversa sobre obsessão e voracidade que se sucede termina com Hannibal proferindo mais um trecho de *Vida Nova*.

A série de TV também não esconde sua dívida para com a obra de Dante e faz uso frequente de imagens e temas dantescos para aprofundar a caracterização dos personagens e da trama. Hannibal, interpretado por Mads Mikkelsen, encarna o Inferno de Dante tanto em sua filosofia pessoal quanto em suas ações. O psiquiatra se percebe como um mestre do submundo, manipulando suas vítimas como almas condenadas em um cenário infernal que ele mesmo construiu. As cenas com os cadáveres dispostos em posições grotescas evocam as descrições do inferno dantesco, transformando-os em ícones visuais de expiação. Além disso, a série investiga a transformação espiritual e a moralidade, centrais em *A Divina Comédia*. Will Graham, interpretado por Hugh Dancy, trilha uma jornada que reflete a de Dante, atravessando seu inferno pessoal, guiado por Hannibal, sempre tentador, sempre punitivo.

Em termos mais específicos, o episódio "Antipasto", primeiro da terceira temporada da série de TV, retoma a ideia de saborear o âmago dos sentimentos quando o psiquiatra afirma: "Comer o coração é uma imagem poderosa". No mesmo episódio, na cena em que Hannibal janta com Bedelia du Maurier, sua psiquiatra, ele cita o Canto I de *A Divina Comédia*: "Dante escreveu que o medo é quase tão amargo quanto a morte".

Já no décimo episódio, "And the Woman Clothed in the Sun", Du Maurier, agora famosa por ter sobrevivido a Hannibal, explora sua notoriedade em palestras e discorre sobre a morte e o inferno na arte e na literatura. Ao citar Dante como o primeiro a conceber o inferno como um espaço estruturado, ela se refere ao cone invertido e subdividido em nove círculos, cada um reservado para diferentes categorias de pecadores. No décimo segundo episódio, "The Number of the Beast

Is 666", Du Maurier faz uma referência a Dante durante sua conversa com Graham. Ao usar a palavra "peregrino", Du Maurier evoca o poeta italiano, cuja jornada pelos círculos do Inferno, Purgatório e Paraíso é medular na *Divina Comédia*.

Vida Nova, por sua vez, é citado no mesmo episódio na cena em que Graham descobre que Hannibal está apaixonado por ele. Du Maurier compara o amor de Hannibal por Graham ao amor idealizado de Dante por Beatriz, sugerindo que, assim como Dante buscava a salvação por meio de Beatriz, Hannibal busca uma espécie de redenção por meio de sua relação com Graham. A frase "Poderia ele sentir uma fome voraz por você todos os dias e nutrir-se apenas de sua visão? Creio que sim. Mas você anseia por ele?" expressa uma visão poética do amor como alimento vital. Du Maurier faz essa observação a Graham para destacar a intensidade do sentimento de Hannibal. A mera presença dele é suficiente para saciar um desejo profundo no outro, sugerindo uma conexão que também tange o emocional e o espiritual. O fato de Hannibal ser um canibal torna essa metáfora ainda mais profunda, pois implica que sua fome por Graham não é apenas metafórica, mas também literal. O amor de Hannibal por Will é, ao mesmo tempo, uma fome por conexão e entendimento profundo e uma sede de controle e possessão. A pergunta final força o ex-agente do FBI a confrontar seus próprios sentimentos e a complexidade de sua relação com o psiquiatra, relação essa que oscila entre a repulsa e a atração, entre o medo e o fascínio.

Em *O Silêncio dos Inocentes*, a influência de Dante é mais subjetiva. Algumas das cenas mais memoráveis mostram Hannibal assumindo o papel de mentor, orientando a detetive Clarice Starling na busca por Buffalo Bill. Essa dinâmica pode ser interpretada como uma alusão à jornada de Dante, que é guiado por Virgílio pelo Inferno e pelo Purgatório na *Divina Comédia*. Assim como Dante enfrenta suas próprias trevas, Clarice desce ao seu inferno pessoal ao confrontar os terrores do assassino e desafiar o mal em sua jornada de transformação.

DINÂMICAS DE GÊNERO

Em uma funerária, a agente do FBI Clarice Starling examina o corpo de Fredrica Bimmel, a primeira vítima do serial killer Buffalo Bill. Estirado na mesa de autópsia, o corpo da jovem está inchado e sujo após ter sido desovado em um rio. Para amenizar o intenso odor de decomposição, os investigadores aplicam uma camada de unguento mentolado sob as narinas. Ao passo que os homens demonstram desconforto e fazem caretas, Clarice, embora também afetada pelo odor pungente, tenta manter a compostura. Ao examinar o corpo de perto, a detetive faz uma descoberta determinante: uma pupa está inserida na garganta da vítima. Embora essa descoberta seja de extrema importância para a investigação, é a atenção de Clarice aos três furos em cada orelha e ao esmalte com glitter usado pela vítima que realmente se destaca.

Essa atenção aos sinais no corpo da vítima — enfatizada pela voz sorumbática e vacilante com que compartilha suas observações com os homens presentes — reflete a habilidade de Clarice de captar detalhes que poderiam passar despercebidos. No romance, a mesma cena nos proporciona um mergulho ainda maior ao mostrar a investigadora comentando sobre o crescimento dos pelos nas pernas da vítima: "Ela tem pelos nas pernas de mais ou menos duas semanas. E vejam só como cresceram macios. Ela provavelmente usava cera para se depilar. Nas axilas também. Reparem como descoloriu os pelos do buço. Ela se cuidava, mas não pôde fazer isso nos últimos dias". O olhar da detetive vai além da competência técnica; Clarice se conecta profundamente com as vítimas e faz de tudo para que mais mulheres não sofram o mesmo destino que aquelas que ela não pôde salvar.

A atriz Jodie Foster comentou que a mente poderosa e perceptiva de Clarice e sua aptidão para "ver, intuir e reparar em coisas que as pessoas mais heroicas estão muito ocupadas para registrar são exatamente as características de que ela precisa para solucionar o caso e salvar essas mulheres". Para Foster, a capacidade de Clarice de se conectar com seu coração é seu talento mais extraordinário: "É uma pessoa que reconhece nessas mulheres suas fraquezas porque elas viveram isso, e Clarice também viveu isso". Esse impulso, além de motivado pela busca por justiça, está também ligado à necessidade de enfrentar seu próprio trauma. Clarice, que ainda ouve o balido dos cordeiros de sua infância, nos questiona: um ato de heroísmo pode mudar o status quo da violência?

Os comentários sobre as dinâmicas de gênero são evidentes desde a sequência de abertura do filme. Clarice é vista correndo sozinha pelo bosque enevoado, suada e aparentemente aflita, dando a impressão de que está fugindo de alguma ameaça. No entanto, essa impressão logo é desfeita quando descobrimos que ela está, na verdade, participando de um treinamento intensivo do FBI. O exercício é interrompido quando ela recebe a notícia de que Jack Crawford deseja falar com ela. Clarice vai às pressas até a sala do chefe, e nesse percurso vemos a predominância masculina na sede do FBI; há mulheres, várias delas, mas os homens sempre estão em maior número. Em seguida, somos confrontados com uma das cenas mais simbólicas do filme: Clarice entra em um elevador lotado, cercada por homens altos, sendo a única mulher. Alguns olham para ela, mas Clarice mantém o olhar fixo no teto e, com certo desconforto, cruza as mãos na frente do corpo.

O desconforto e o isolamento de Clarice em ambientes predominantemente masculinos são retratados em várias cenas do filme. Homens a encaram enquanto ela corre na pista com Ardelia Mapp, um homem se vira para fixar o olhar nela no aeroporto e, na funerária, os policiais parecem curiosos e levemente incomodados ao se depararem com uma mulher entre eles. Essa última cena, aliás, é mais um exemplo da sensibilidade ímpar de Clarice. Antes de iniciar a análise do corpo, a detetive interrompe o falatório alto e desrespeitoso e expulsa os homens da sala, demonstrando um profundo respeito pela dignidade da falecida.

Além de um estudo sobre como as mulheres se sentem ao serem constantemente observadas por homens, *O Silêncio dos Inocentes* é um filme sobre como uma mulher protege e salva outras mulheres, estejam elas vivas ou mortas. O filme não inclui cenas em que Clarice discute essas experiências com outra mulher, mas há uma passagem no romance *Hannibal* em que Margot Verger comenta: "Mulheres com a aparência de Starling precisam manter uma certa distância porque idiotas ficam dando em cima delas o tempo todo". Embora essa observação possa ser problemática por sugerir que o assédio é uma consequência da beleza de Clarice, ela ressalta a natureza desagradável da atenção indesejada.

Desde o início, a presença de Clarice é marcada por olhares e comentários que destacam sua condição de mulher em ambientes majoritariamente masculinos. Nesse contexto, é irônico que os homens da narrativa, embora de maneira menos sangrenta, acabem objetificando — *cobiçando* — Clarice da mesma forma que Buffalo Bill. O dr. Chilton, por exemplo, é um dos primeiros a fazer isso, insinuando que Crawford é esperto por usar uma "jovem bonita para excitá-lo [Hannibal]" e perguntando se Clarice vai passar a noite em Baltimore, sugerindo que a cidade pode ser bem divertida se ela tiver o guia certo. Outro exemplo ocorre quando o dr. Pilcher pergunta o que Clarice faz nas horas vagas e, ao ser questionado se está dando em cima dela, ele confirma sem qualquer constrangimento. O comentário mais incisivo é feito por Hannibal Lecter, que pergunta: "Você não sente os olhares percorrendo seu corpo, Clarice?".

Ainda na funerária, Crawford diz ao xerife que prefere discutir os detalhes do crime de forma privada devido à morbidade do caso, dando a entender que o assunto é delicado demais para Clarice. Mais tarde, Crawford se justifica dizendo que foi apenas uma cortina de fumaça para se livrar do xerife. Clarice, apesar de entender o raciocínio dele, pontua que esse tipo de atitude não é ideal, pois os outros policiais observam Crawford para entender como devem se portar em situações similares. Essa dinâmica também se reflete nos burburinhos e nas insinuações sobre a natureza das relações de Clarice. Rumores sobre seus envolvimentos íntimos revelam que outros personagens em *O Silêncio dos Inocentes* não conseguem conceber o fato de que uma mulher pode interagir com um homem sem que haja implicações sexuais. O livro enfatiza que repórteres passam a insinuar que existe uma relação íntima entre Clarice e Hannibal; ela chega a ser chamada de Noiva de Frankenstein pelo *National Tattler*, e uma jornalista aparece em um programa de televisão para revelar que Clarice havia encontrado restos mortais em uma garagem por intermédio de um "laço sinistro com um homem que as autoridades tinham estigmatizado como... um monstro!".

Foster relatou que se sentiu atraída pelo papel porque ele retratava a jornada típica de um herói masculino a partir de uma perspectiva feminina. Conhecida por ser criteriosa na escolha de seus papéis, a atriz explicou que precisa se conectar com a história e encontrar um significado que se alinhe com suas próprias questões psicológicas. Até então, Foster havia predominantemente interpretado vítimas e desejava representar uma protetora em um mundo predatório: "Havia um processo de cura, de crescer, de finalmente interpretar a mulher que salva mulheres". Ela destacou que Clarice é uma das representações mais autênticas e progressistas de uma heroína no cinema e que sempre se orgulhará do fato de que a personagem não foi transformada em uma figura musculosa para se assemelhar a um homem, nem retratada de forma excessivamente meiga para conquistar a aceitação do público. Foster também se recordou com carinho do trabalho do diretor Jonathan Demme: "Ele conseguiu ver que *O Silêncio dos Inocentes* é uma história sobre uma mulher". O diretor falou sobre como conhecer Clarice solidificou sua decisão de levar a narrativa para as telas: "Li três páginas com a personagem Clarice e soube imediatamente que queria transformar a história em um filme. Eu adoro histórias de mulheres. Elas são um pouco mais difíceis de encontrar do que outros tipos de boas histórias, mas eu as valorizo imensamente. Afinal, as mulheres são minhas heroínas".

Além de Clarice, a personagem Catherine Martin tem uma presença marcante no filme. Sua representação como uma vítima resiliente e proativa é uma contribuição significativa para o gênero de suspense. O roteirista Ted Tally elogiou a forma como Martin luta para salvar sua própria vida tanto no filme quanto no cânone literário de Harris: "Ela não fica esperando ser morta ou resgatada. Ela está tentando sobreviver. E Brooke Smith interpreta esse papel de maneira excepcional". Em entrevista, Smith revelou que o filme a fez refletir sobre a escolha de enfrentar uma situação extrema com determinação ou simplesmente desistir. Essas percepções de Martin/Smith sobre a sobrevivência — também compartilhadas por Clarice/Foster — destacam as dinâmicas de poder no filme e nos questionam: como a determinação de uma personagem em enfrentar uma situação extrema pode moldar sua trajetória e impacto no enredo? Quais fatores influenciam a escolha entre resistir ou desistir? E de que modo a capacidade de uma personagem para lutar ou se render desafia ou reforça os estereótipos de gênero?

Esse embate fica evidente na interação entre Clarice e Buffalo Bill. O desdém de Buffalo Bill por Clarice, manifestado no momento em que ele ri ao entregar o cartão de visita para ela, mostra como ele acredita ser superior e possuir controle absoluto sobre suas vítimas. Clarice, apesar de estar armada e de ter entendido que ele é o assassino, é para ele apenas mais uma mulher indefesa destinada a se render. Foster elaborou: "Ele ri das mulheres porque as vê como insignificantes e impotentes. Ele está prestes a capturá-la por causa de seu cabelo, e mesmo quando ela o ameaça com uma arma, ele continua rindo. Gumb acredita que é invencível e não pode conceber que uma 'coisa' possa matá-lo, pois ele vê essas 'coisas' como insetos que se pode esmagar". A detetive, no entanto, se recusa a ceder. No confronto final, no mundo em tons de verde dos óculos de visão noturna do assassino, Clarice mostra que ele não é invencível e o subjuga. A justiça é poética, e quem acaba morrendo de barriga para cima como um inseto é o próprio Buffalo Bill.

DR. SALAZAR

Às vésperas da década de 1960, um crime brutal cho-cou a comunidade da pacata cidade de Monterrey, no norte do México. Alfredo Ballí Treviño, um médico de 28 anos, conhecido por sua dedicação ao atendimen-to de pessoas sem acesso aos serviços de saúde, teve uma altercação em seu consultório com Jesús Castillo Rangel, de 20 anos, com quem supostamente mantinha um relacionamento. Treviño sedou Rangel e, enquanto ele ainda estava vivo, utilizou instrumentos cirúrgicos para desmembrá-lo. Em seguida, tentou esconder o cadáver em uma caixa, mas falhou em eliminar todas as evidências, e o corpo foi encontrado no consultório. Condenado à prisão, Treviño foi respeitado durante seu encarceramento, e seu caminho acabou se cruzando com o do au-tor Thomas Harris.

Na época em que atuava como repórter, Harris foi à prisão estadual a pedido da revista *Argosy*. O entrevistado era Dykes Askew Simmons, um ex-paciente psiquiátrico que havia recebido a pena de morte pelo assassinato de três jovens. Cerca de um ano antes, Simmons tentara fugir, subornando um guarda para deixar a porta destrancada e lhe dar um revólver. Quando entregou o dinheiro e se aproximou da porta, per-cebeu a traição — a porta continuava trancada, e o guarda atirou nele. Simmons tombou no chão, esvaindo-se em sangue, mas foi salvo por um médico da prisão que era muito habilidoso.

Quando Harris perguntou sobre o tratamento de Simmons, o diretor da prisão o levou até a enfermaria e o apresentou ao dr. Salazar — nome criado pelo autor para proteger a identidade de Treviño, que depois foi revelada por jornalistas — , um homem pequeno e esguio de porte ele-gante. O médico respondeu às perguntas de Harris sobre o ferimento de bala e explicou como havia estancado o sangramento. Durante a conversa, o dr. Salazar fez com que Harris refletisse sobre suas impressões de Simmons, mencionando detalhes como o uso de óculos escuros e a possível simetria que eles conferiam ao rosto desfigurado do prisioneiro, especulando que o bullying que ele sofrera por causa de sua aparência poderia ter influenciado seu comportamento. A análise perspicaz do dr. Salazar revelou uma profundidade de entendimento psicológico que impressionou o escritor.

O diretor da prisão revelou a Harris que o dr. Salazar era, na verdade, um assassino condenado que nunca sairia do cárcere, mas que tratava os menos afortunados com grande dedicação. Harris finalizou o artigo sobre Simmons e, com o tempo, cobriu crimes em outras partes do México, mas não voltou a ver o médico. Anos mais tarde, ao tentar escrever um romance, Harris criou um detetive que precisava consultar um preso com um entendimento especial da mente criminosa. O autor revelou: "Envolvido na trama, segui meu detetive até o Hospital Estadual de Baltimore para Criminosos com Transtornos Mentais, onde ele foi falar com um prisioneiro. Quem você acha que estava na cela? Não era o dr. Salazar. No entanto, graças ao dr. Salazar, pude reconhecer Hannibal Lecter, seu equivalente fictício".

FINAL GIRL

Definir Clarice Starling como uma *final girl* é um tópico de debate no cinema de horror. A *trope* da *final girl*, que se refere à última mulher viva que enfrenta e derrota o assassino, é mais conhecida por filmes *slasher* como *O Massacre da Serra Elétrica*, *Halloween: A Noite do Terror* (1978) e *Pânico* (1996). O conceito foi introduzido pela acadêmica Carol J. Clover em seu artigo *Her Body, Himself: Gender in the Slasher Film* (1987).

De acordo com Clover, a *final girl* é sexualmente inacessível ou virginal e se distancia dos comportamentos imprudentes das outras vítimas. Ela pode ter um nome sem gênero como Ripley, Laurie ou Sidney e às vezes compartilha uma história pessoal com o assassino. A *final girl* age como a consciência investigativa do filme, guiando a trama adiante com inteligência, curiosidade e vigilância. No caso de Clarice, embora ela não se encaixe perfeitamente no molde da *final girl* tradicional dos filmes *slasher* e não seja a primeira personagem a vir à mente quando pensamos nesse *trope*, já que boa parte dos personagens de *O Silêncio dos Inocentes* sobrevive, algumas similaridades são inegáveis.

Em seu estudo feminista *Men, Women, and Chainsaws: Gender in the Modern Horror Film* (1992), Clover descreve a *final girl* como a personagem cuja história acompanhamos do início ao fim: "É por meio dela que vemos o desenrolar da ação. É ela quem, no final, acaba derrotando o assassino, muitas vezes mais por acaso do que por um plano elaborado". Inicialmente, a *final girl* era retratada como uma donzela em perigo, exibindo traços de passividade e de vulnerabilidade, em contraste com o paradigma masculino de suposta dominância. No entanto, o arquétipo foi evoluindo, e as mulheres ganharam potência e autonomia, tomando as rédeas de sua própria sobrevivência.

O embate entre Clarice e Buffalo Bill exemplifica a complexidade do papel da *final girl* em um contexto que difere do típico filme *slasher*. Ao contrário da maioria das *final girls*, cujo confronto final com o assassino costuma ser um ato de pura sobrevivência, Clarice, em uma abordagem mais estratégica e menos impulsiva, enfrenta Buffalo Bill usando sua astúcia e seu treinamento — atabalhoadamente, pois ainda é uma estudante — para subjugá-lo. Ao confrontá-lo nas trevas de seu porão gótico, Clarice encarna o arquétipo da heroína, e sua vitória sobre Buffalo Bill se torna um desmantelamento poderoso que reafirma sua posição como uma *final girl* única dentro do gênero.

Clover argumenta que a *final girl* serve como um espelho das ansiedades culturais relativas ao gênero e à sexualidade. A *final girl* é caracterizada por uma certa masculinidade em seu comportamento, além de possuir atributos como inteligência, seriedade e competência. Essa descrição reflete a ideia de que a *final girl* não se encaixa totalmente nos padrões femininos tradicionais. Assim como ocorre com Ripley de *Alien, o Oitavo Passageiro* (1979), a maneira como Jack Crawford se refere a Clarice apenas por seu sobrenome, evocando uma certa neutralidade de gênero, exemplifica essa transformação. A desfeminização da *final girl* é um aspecto de extrema relevância na teoria de Clover, que sugere que a heroína se masculiniza ao confrontar o assassino, especialmente ao se apropriar de símbolos fálicos, como uma arma ou faca, para derrotar o vilão. Clarice dá vida a esse conceito ao utilizar uma arma de fogo durante o confronto com Buffalo Bill.

Clarice, que repara em detalhes que passariam despercebidos por outros, como os três furos em cada orelha e o esmalte com glitter usado por uma das vítimas, reflete características fundamentais das *final girls*, como a empatia e a observação aguçada. O filme destaca o comportamento ético de Clarice e seu compromisso com a justiça; sua motivação para capturar Buffalo Bill e salvar Catherine Martin é alicerçada por uma profunda compaixão e por um senso de dever moral.

Além desses aspectos, Clarice também é sexualmente indisponível, uma particularidade das *final girls*, que muitas vezes são retratadas como virtuosas ou com uma vida sexual minimizada em comparação com outros personagens. Em *O Silêncio dos Inocentes*, Clarice é convidada para encontros românticos por dois homens com quem interage, o dr. Chilton e o dr. Pilcher, em ocasiões distintas. Além disso, Hannibal Lecter constantemente a provoca, sugerindo que as pessoas podem pensar que eles estão apaixonados, questionando se ela acredita que Crawford tem fantasias sexuais a respeito dela e perguntando se o rancheiro de sua infância a sodomizou ou a obrigou a fazer sexo oral nele. No entanto, Clarice se abstém de responder a essas provocações.

Conforme Clover observa, a concepção de Clarice e de Buffalo Bill incorpora elementos essenciais do gênero *slasher*. Para a autora, inclusive, o filme pode até ser considerado um *high slasher*. Clover destaca que Clarice é delineada com traços tipicamente masculinos, tanto em seus modos quanto em sua carreira, enquanto Buffalo Bill é retratado como efeminado. Esse contraste entre os dois personagens não só sublinha a dinâmica tradicional do *slasher*, como também reforça a oposição entre a heroína e o antagonista.

Final girl ou não, uma coisa é certa: Clarice não apenas sobrevive, ela triunfa.

FLORENÇA

A cidade de Florença, com sua herança histórica e cultural, se destaca como um cenário vital no universo de Hannibal Lecter, particularmente na obra *Hannibal*. Conhecida por seu esplendor artístico e por sua herança renascentista, Florença também foi palco de segredos sombrios e crimes horrendos e serve como um espelho para a psique de Hannibal, um homem de grande erudição e de uma brutalidade ímpar.

Em 1968, um casal foi assassinado em um carro pelo misterioso Il Mostro di Firenze. Embora o marido da vítima tenha sido condenado e preso, outros casais continuaram sendo assassinados após sua prisão. Em 1974, o assassino atacou outro casal, mutilando o corpo da mulher. Dois casais foram mortos de forma semelhante em 1981, e mais quatro nos quatro anos seguintes. A natureza brutal dos crimes deixou a comunidade apavorada, até que os assassinatos cessaram, em 1985. Em 1994, Pietro Pacciani, um trabalhador rural com um histórico de violência, foi condenado pelo assassinato de sete dos oito casais, mas sua condenação foi anulada e um novo julgamento foi marcado. A polícia suspeitou que os crimes tivessem sido cometidos por um grupo liderado por Pacciani, mas ele morreu antes do novo julgamento. Posteriormente, dois de seus supostos cúmplices foram condenados pelos assassinatos.

O autor Thomas Harris, que assistiu ao julgamento de Pacciani em Florença, acreditava que uma figura da alta sociedade pudesse ser a verdadeira mente por trás dos crimes e decidiu transformar suas observações em uma narrativa poderosa. Em *Hannibal*, a suspeita de que o psiquiatra poderia ser Il Mostro é levantada pela semelhança entre os métodos dos dois assassinos, pois ambos organizavam suas vítimas em composições artísticas e removiam troféus anatômicos. Em Florença, Hannibal adota a identidade do dr. Fell, um professor de renome, mergulhando ainda mais nas complexidades de sua dupla natureza, afinal, Hannibal é retratado não apenas como um psiquiatra canibal, mas também como um esteta que estuda literatura e filosofia.

Nos livros de Harris, especialmente em *Hannibal*, a influência de Dante Alighieri é mencionada de forma explícita. A adaptação cinematográfica da obra também explora essa conexão; em uma cena memorável, Hannibal realiza uma palestra sobre Inferno no Palazzo Vecchio, em Florença, concentrando-se no personagem de Pier della Vigna, um jurista italiano falsamente acusado que cometeu suicídio, recitando versos do Canto XIII que descrevem a punição dos suicidas. Além disso, Hannibal entrega a Allegra Pazzi, esposa do inspetor Rinaldo Pazzi, um manuscrito do primeiro soneto de *Vida Nova*, obra de juventude de Dante, destacando a profundidade de sua obsessão pela cultura florentina. Hannibal, que parece ver na cidade um reflexo de seu próprio inferno interior, utiliza Florença como um palco para as suas criações macabras, possivelmente inspirando-se nas punições dantescas para os seus crimes.

No filme *O Silêncio dos Inocentes*, quando Clarice Starling visita Hannibal pela primeira vez, ela observa os desenhos pendurados em sua cela. O psiquiatra pergunta: "Esse é o Duomo visto do Belvedere. Já foi a Florença?". A precisão desse detalhe, desenhado apenas de memória, realça a prodigiosa mente do personagem. Como ele mesmo diz, a memória é o que ele tem na ausência de uma janela. Curiosamente, no início do filme, quando Jack Crawford envia Clarice para entrevistar Hannibal, uma de suas instruções é que ela observe o que ele está desenhando. A ilustração do Duomo sugere um intrincado jogo de pistas que permeiam a narrativa, pois Belvedere também é o nome da cidade em Ohio onde Buffalo Bill reside.

Na série *Hannibal*, o psiquiatra expressa seu desejo de mostrar Florença a Will Graham, destacando mais uma vez a importância da cidade em sua vida. Em "Primavera", segundo episódio da terceira temporada, o vínculo de Hannibal com Graham é manifestado de forma visceral e artística. Hannibal, sabendo que Graham iria atrás dele, deixa um presente em uma igreja: um torso esculpido em forma de coração, feito a partir do corpo de um homem que se assemelhava a Graham, mas que, aos olhos dele, não passava de uma imitação. O gesto serve para extirpar a dor causada pelas escolhas de Graham — o coração de Hannibal está partido, dilacerado, *sangrando*. Como Graham descreve, trata-se de "um cartão de Dia dos Namorados escrito em um homem destruído". Também no universo da série, os primeiros sete episódios da terceira temporada são intitulados com nomes de pratos da culinária italiana, uma homenagem à paixão do psiquiatra pela gastronomia e uma forma de reforçar a cultura italiana e a cidade de Florença como um cenário de importância.

Além disso, uma breve ária foi composta pelo músico irlandês Patrick Cassidy e produzida em colaboração com Hans Zimmer para a trilha sonora do filme *Hannibal*. "Vide Cor Meum" é apresentada em uma cena onde Hannibal e o inspetor Pazzi assistem a uma ópera ao ar livre em Florença. Baseada parcialmente em *Vida Nova*, a letra da canção alterna entre trechos retirados diretamente da obra e interpretações livres, criando um diálogo lírico que dialoga com as visões oníricas e as reflexões amorosas de Dante.

GATO

O Silêncio dos Inocentes apresenta um bestiário visual e conceitual que utiliza a metáfora animal para aprofundar os personagens e suas motivações. Entre os animais presentes na história, o gato se destaca por acentuar a tensão entre a domesticidade e a selvageria que permeia a narrativa.

Embora o filme não faça uma comparação explícita, Buffalo Bill, que aspira à liberdade e à beleza das mariposas, possui características em comum com um predador felino. Em uma cena marcante, ele observa a jovem Catherine Martin por meio de óculos de visão noturna, um comportamento que alude ao de gatos caçando suas presas na escuridão. Essa vigilância noturna ressalta a natureza predatória de Buffalo Bill e a vulnerabilidade de Martin. Na mesma cena, ao chamar seu gato de *"little cheeper"*, que em inglês sugere o som que pássaros fazem, Martin cria uma ironia poética, pois se transforma figurativamente em um pássaro capturado por Buffalo Bill, o caçador. Seu sobrenome inclusive significa "andorinha" em inglês. O cuidado de Martin com o gato revela sua natureza carinhosa e dócil, que contrasta com a brutalidade do assassino e coloca em evidência sua inocência.

Durante a busca de Clarice Starling por pistas na casa de Fredrica Bimmel, o gato aparece novamente. Clarice encontra o gato da família Bimmel e a estatueta de um gato branco que parece guiá-la ao esconderijo de polaroids que revelam detalhes cruciais sobre o *modus operandi* de Buffalo Bill. Esse episódio evoca a ideia do gato como uma figura que, historicamente, tem sido associada ao mistério e ao esoterismo. No contexto do filme, o gato — considerado um ser intuitivo, capaz de detectar coisas que escapam à percepção humana — atua como um catalisador para a grande revelação do crime. Na mesma sequência, é possível ver estatuetas de gatos na estante atrás de Clarice, e um pouco depois um quadro de gato aparece no quarto onde a detetive encontra o manequim.

Além disso, a presença do gato evoca a dualidade entre adestramento civilizatório e violência instintiva. Gatos domésticos, apesar da convivência próxima com humanos, mantêm instintos predatórios fortes, como a prática de torturar pequenas presas antes de matá-las. Essa característica pode ser vista como um espelho da duplicidade de Buffalo Bill, que busca criar uma nova identidade para si mesmo, mas não consegue escapar de sua natureza assassina. A metáfora do gato que brinca cruelmente com sua presa antes de consumi-la se alinha com a forma como ele lida com suas vítimas.

No livro, o gato da família Bimmel é descrito como tendo um olho dourado e o outro azul, peculiaridade que espelha a ambivalência presente nos personagens e nas profundezas psicológicas exploradas ao longo da trama. Também no romance, durante uma cena em que o dr. Chilton revela para Hannibal Lecter que o acordo com a senadora Martin era inexistente e que ela nunca tinha nem ouvido falar de Clarice, o diretor do hospital psiquiátrico o compara a um gato, evocando sua natureza predatória e sua aversão a qualquer tipo de descortesia: "Eu sei do que você tem medo. Não é da dor nem da solidão. O que você não consegue suportar é a *indignidade*, Hannibal. Você é como um gato".

Na época do lançamento de *Hannibal*, o ator Anthony Hopkins afirmou ter se inspirado no animal para encarnar a nova versão do psiquiatra, que chegava aos cinemas dez anos após *O Silêncio dos Inocentes*: "Desta vez consegui me movimentar mais livremente e me inspirei nos gatos para formular meu jeito de andar. Sou fascinado por gatos e admiro a forma silenciosa como eles se deslocam. Quis transmitir essa sensação enquanto Lecter se move sorrateiramente e em silêncio pelas ruas sombrias de Florença".

HANNIBAL LECTER

O carismático antagonista criado por Thomas Harris se tornou um dos personagens mais fascinantes e complexos da literatura e do cinema. Definido pelo mestre do horror Stephen King como "o maior monstro fictício da nossa geração", sua aparição no livro *O Silêncio dos Inocentes* e sua subsequente adaptação cinematográfica estabeleceram um novo padrão para vilões na cultura pop. Hannibal Lecter é mais do que um simples serial killer; ele é um enigma psicológico e filosófico que desafia as narrativas tradicionais de horror. Terrífico mas amado, ele foi uma incógnita até mesmo para o seu próprio autor. Harris revelou que, apesar da invisibilidade que experimentava ao escrever, sentia certo desconforto na presença de Hannibal: "Assim como Graham, eu achei, e ainda acho, o escrutínio do dr. Lecter extremamente inquietante e intrusivo. É como o zumbido insistente que invade nossos pensamentos quando tiramos um raio-X".

O psiquiatra se apresentou de forma discreta para o escritor. Em 1979, enquanto escrevia *Dragão Vermelho*, Harris retornou ao Mississippi por conta de um caso de doença na família, onde morou por um ano e meio em uma cabana isolada. À noite, enquanto vasculhava cenas do crime com Will Graham, se sentia desorientado e via vultos sombrios nos campos de algodão ao seu redor. Sabia que o personagem precisaria de ajuda para capturar o assassino da vez, e foi com hesitação que ele acompanhou Graham até o Hospital Estadual de Chesapeake para Criminosos Insanos, onde ele se encontraria com Hannibal. A interação entre os personagens, que Harris comparou a um duelo de esgrima, exigiu várias revisões até que o autor entendesse completamente a conversa. Anos depois, ao escrever *O Silêncio dos Inocentes*, Harris apresentou o leitor a Clarice Starling e, surpreendentemente, percebeu que ela também precisava visitar o temível psiquiatra.

Hannibal nasceu em 1933 em Vilnius, Lituânia, em uma família aristocrática. Aos 8 anos, sua vida mudou drasticamente durante a Segunda Guerra Mundial, quando o castelo de sua família foi invadido. Em 1944, após uma série de acontecimentos trágicos, Hannibal e sua irmã Mischa foram capturados por foragidos de guerra, resultando na morte e na canibalização de Mischa, um trauma que o deixou temporariamente sem falar. Após ser resgatado e viver em um orfanato, Hannibal foi adotado por tios que moravam na França. Com o passar dos anos, ele se destacou academicamente, mas foi consumido pela vingança contra aqueles que mataram sua irmã. Hannibal cometeu seus primeiros assassinatos enquanto caçava os responsáveis pela morte de Mischa, o que chamou a atenção das autoridades e levou ao esgarçamento de seus laços com Lady Murasaki, sua tia e mentora. Apesar de ser preso, Hannibal foi libertado por falta de evidências conclusivas.

Para o *showrunner* Bryan Fuller, que trouxe uma visão contundente do personagem na série *Hannibal*, a essência do psiquiatra se traduz em "um anjo caído fascinado pela humanidade, que deseja explorá-la e revelar suas fraquezas". Fuller esmiuçou seu ponto de vista afirmando que, para ele, Hannibal é uma figura diabólica que revela a complexidade da condição humana por forçar os outros a confrontar seus próprios medos e desregramentos. De fato, as observações filosóficas sobre o caráter humano ("Não aconteceu nada comigo, agente Starling. Eu aconteci. A senhorita não pode me reduzir a um jogo de influências", como afirma o personagem no romance *O Silêncio dos Inocentes*) e sua visão sobre a vida como uma coisa movediça ("A vida é instável demais para os livros, Clarice", declara ele, alguns capítulos depois) refletem sua natureza perversa e sua visão única do mundo. A habilidade de Hannibal de articular pensamentos complexos e filosóficos ao mesmo tempo em que perpetua o caos e a violência revela uma tensão entre o divino e o grotesco, desafiando os limites do que é aceitável e do que é abominável. Ele usa sua inteligência e sua eloquência para manipular aqueles ao seu redor, levando-os a confrontar suas próprias crenças e a reconhecer a onipresença do mal.

No romance *Dragão Vermelho*, Hannibal escreve um bilhete para Graham sobre o fato de o consultor ter matado uma pessoa e faz o seguinte questionamento: "Não foi o ato que te derrubou, foi? Na verdade, você não se sentiu tão mal porque matá-lo foi tão bom? Pense nisso, mas não se preocupe. Por que não achar bom? Matar deve parecer bom a Deus. Ele faz isso o tempo todo, e não somos feitos à Sua imagem?". No livro *O Silêncio dos Inocentes*, com o intuito de sugerir que o bem e o mal são faces da mesma moeda e produtos da mesma força criativa, Hannibal afirma: "Se Ele está lá em cima, Ele adora esse tipo de coisa, agente Starling. Febre tifoide e cisnes têm ambos a mesma origem". Em "Ko No Mono", décimo primeiro episódio da segunda temporada da série *Hannibal*, o psiquiatra serve uma sombria — um pequeno pássaro migratório, primo do pardal — a Graham. Ele explica que há um ritual gastronômico enraizado na cultura francesa de cobrir a cabeça perante Deus ao apreciar a iguaria e declara: "Eu não me escondo de Deus".

As representações de Hannibal, tanto nos filmes quanto na brilhante série de TV, discutem a capacidade dos psicopatas de mascarar sua verdadeira natureza com uma fachada de normalidade. Assim como Drácula, o clássico vampiro de Bram Stoker, Hannibal leva uma vida dupla, se escondendo entre os seus e aguardando a melhor oportunidade de atacar. Frequentemente usando seu charme para conquistar, Hannibal se lança sobre as vítimas em investidas bestiais, não canibalizando seu sangue como o vampiro, mas se alimentando delas mesmo assim. A violência extrema e a revelação de sua natureza predatória convivem com imagens de elegância. Hannibal morde o rosto de um policial e bate em outro com um cassetete, mas o faz ao som de música clássica; Hannibal expõe o corpo pendurado de um deles, mas o homem mais parece um anjo; Hannibal sibila para Clarice após revelar que comeu o fígado de um recenseador, mas o fez bebendo um belo vinho. Na cena em que Clarice vai visitar Hannibal no palácio de justiça em Memphis, onde o psiquiatra está encarcerado, um policial pergunta para ela no elevador: "É verdade o que dizem sobre ele? Ele é algum tipo de vampiro?". Clarice responde: "Ninguém encontrou uma palavra que possa definir o que ele é".

A faceta vampírica é apenas uma das muitas camadas do personagem. Em *Hannibal Lecter and Philosophy: The Heart of the Matter* (2015), o acadêmico Joseph Westfall pontua que Hannibal pode ser interpretado de

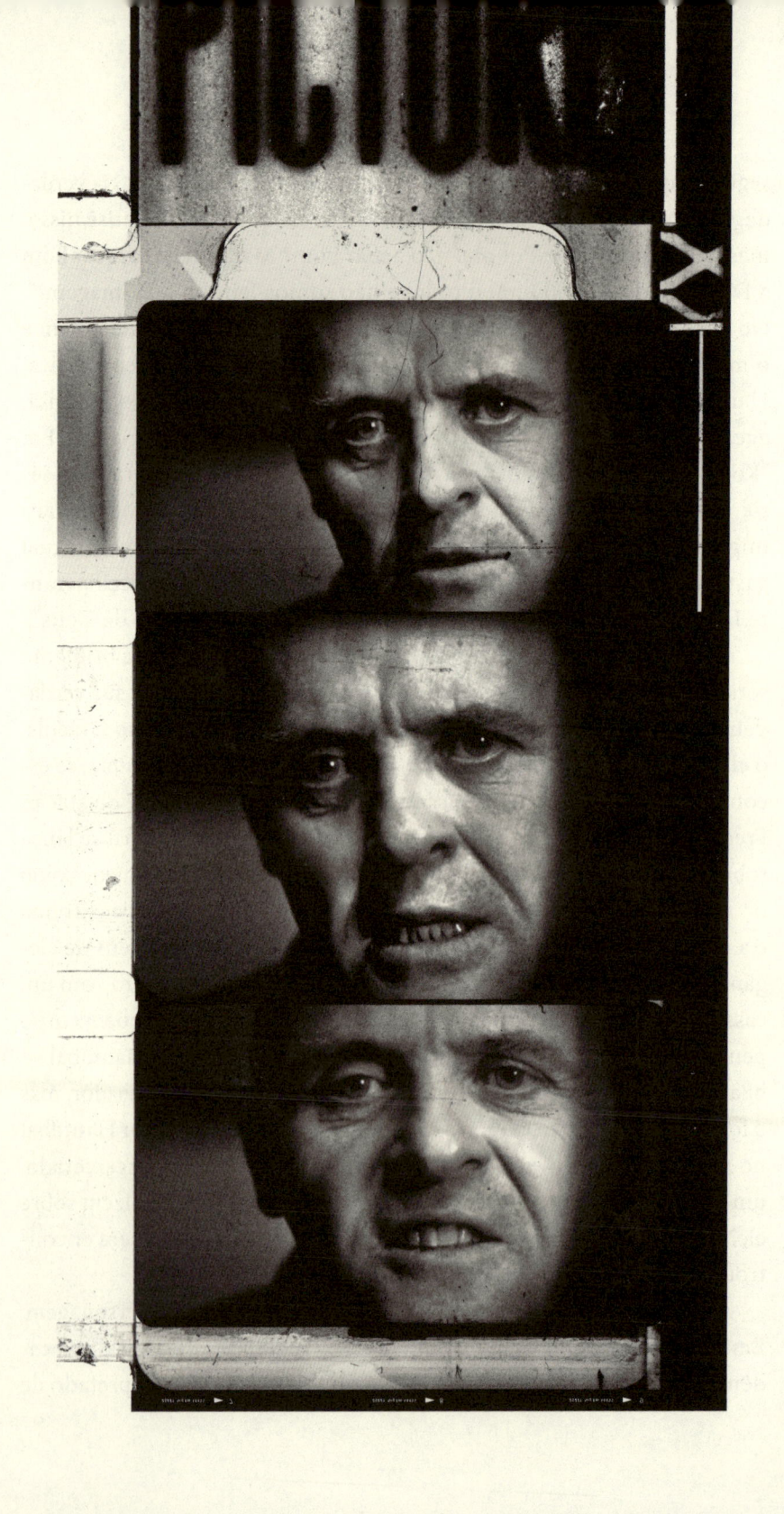

várias maneiras, cada uma destacando aspectos diferentes de sua personalidade. Uma delas é o psicopata. Em *Dragão Vermelho*, Hannibal é descrito por Graham como um sociopata ("Ele possui algumas das características do que se chama sociopatia" e "Ele não sente o menor remorso ou culpa. E revela o primeiro e pior sinal... Sadismo que vai de animais a crianças") e pelo dr. Chilton como um "psicopata puro". O ator Brian Cox, no filme *Caçador de Assassinos*, interpreta Hannibal como uma fusão do assassino americano-escocês Peter Manuel com seu próprio filho, na época um adolescente, transmitindo uma inteligência profunda e uma arrogância implacável. O psiquiatra é, portanto, mostrado como alguém que age sem considerar as necessidades dos outros, características clássicas da psicopatia. Outra interpretação, infere o autor, é a do anti-herói, muito evidente nos romances *Hannibal* e *Hannibal: A Origem do Mal*. Aqui, Hannibal não mata apenas por prazer ou por compulsão, mas para alcançar objetivos que ele considera justos, como superar o trauma da morte de Mischa e conquistar o coração de Clarice. E há a encarnação do diabo, sobretudo na atuação de Mads Mikkelsen na série *Hannibal*. Incorporando a visão de Fuller, Mikkelsen interpreta Hannibal como um anjo caído que é encantado pela humanidade e que vive suas tentações com Graham. Essa caracterização também está presente nos livros, onde Hannibal é visto como quase onisciente e onipotente, manipulando aqueles ao seu redor como um rival de Deus. Mikkelsen analisou: "Ele enxerga o mundo de uma maneira diferente da nossa. É como um anjo caído que vê tudo ao contrário. Ele enxerga amor onde nós vemos algo horrível e encontra beleza onde nós só vemos algo extremamente feio".

As camadas diabólicas e enervantes do personagem foram tão bem interpretadas por Anthony Hopkins que Jodie Foster, que fez o papel de Clarice Starling, revelou em mais de uma ocasião que, apesar de ter trabalhado diretamente com o ator, nunca conversou com ele fora das câmeras: "Nunca falei com ele. Ele era assustador. No primeiro dia fizemos uma leitura juntos do roteiro. Eu cheguei cedo, fui ao banheiro e, quando voltei, todo mundo já estava sentado, então fizemos a leitura do filme. Quando acabamos, eu não queria mais falar com ele. Estava aterrorizada". Foster explicou que, como Hopkins estava sempre atrás da divisória de vidro, preso dentro da cela parafusada, eles chegaram ao fim do filme sem nunca ter conversado. Foi só no último dia que a conversa finalmente aconteceu. A atriz contou estar comendo um sanduíche de atum quando o colega se aproximou. Ela confessou estar com medo dele, ao que Hopkins riu e disse que estava com medo dela.

Praticamente indefinível, Hannibal por vezes mais parece um labirinto cujos cantos é melhor deixarmos inexplorados. Mas de uma coisa temos certeza: o doutor é surpreendentemente cativante. Harris teve a mesma impressão: "Para a minha surpresa, quando transpus para o papel os eventos de *Hannibal*, o doutor ganhou vida. Meus leitores pareceram achá-lo estranhamente fascinante, como eu próprio achei".

IN VOLUPTAS MORS

Criada em 1951, *In Voluptas Mors* é uma obra colaborativa entre o pintor Salvador Dalí e o fotógrafo Philippe Halsman. Dalí, conhecido por suas explorações do inconsciente e dos desejos ocultos, utilizou *In Voluptas Mors* para explorar o erotismo e a morte de maneira instigante. Halsman, por sua vez, célebre por suas técnicas inovadoras, capturou a imagem de maneira a enfatizar a ilusão de ótica criada pelas figuras dispostas. Na obra, sete figuras femininas nuas são posicionadas de maneira que, ao serem observadas a distância, compõem a imagem de um crânio humano.

Halsman conheceu Salvador Dalí em 1941, e juntos eles iniciaram uma série de colaborações criativas que se estenderam por várias décadas. Em 1948, por exemplo, a dupla produziu a obra *Dalí Atomicus,* que retrata Dalí no ar, ao lado de três gatos e de um balde de água. Essa colaboração solidificou a amizade entre os dois artistas e abriu caminho para obras mais elaboradas como a própria *In Voluptas Mors.*

Em 1951, um editor propôs a criação de um livro com os projetos de Halsman e Dalí. Dalí insistiu na produção de algo novo e ousado. Assim, surgiu a ideia de *In Voluptas Mors,* baseada em um dos esboços de Dalí que retratava sete mulheres nuas que, vistas de uma certa distância, formavam a imagem de um crânio humano sorridente. Halsman foi meticuloso na escolha das modelos, avaliando cuidadosamente dezenas de braços, pernas e costas nuas para que a fotografia final correspondesse exatamente ao desenho de Dalí. Durante mais de três horas, Halsman e sua equipe ajustaram os membros das modelos, fornecendo água e aplicando talco nas solas de seus pés para assegurar o conforto das participantes.

Além de desafiar a percepção visual do espectador, *In Voluptas Mors* propõe uma reflexão sobre a efemeridade da existência humana. No pôster do filme *O Silêncio dos Inocentes*, uma versão adaptada dessa imagem

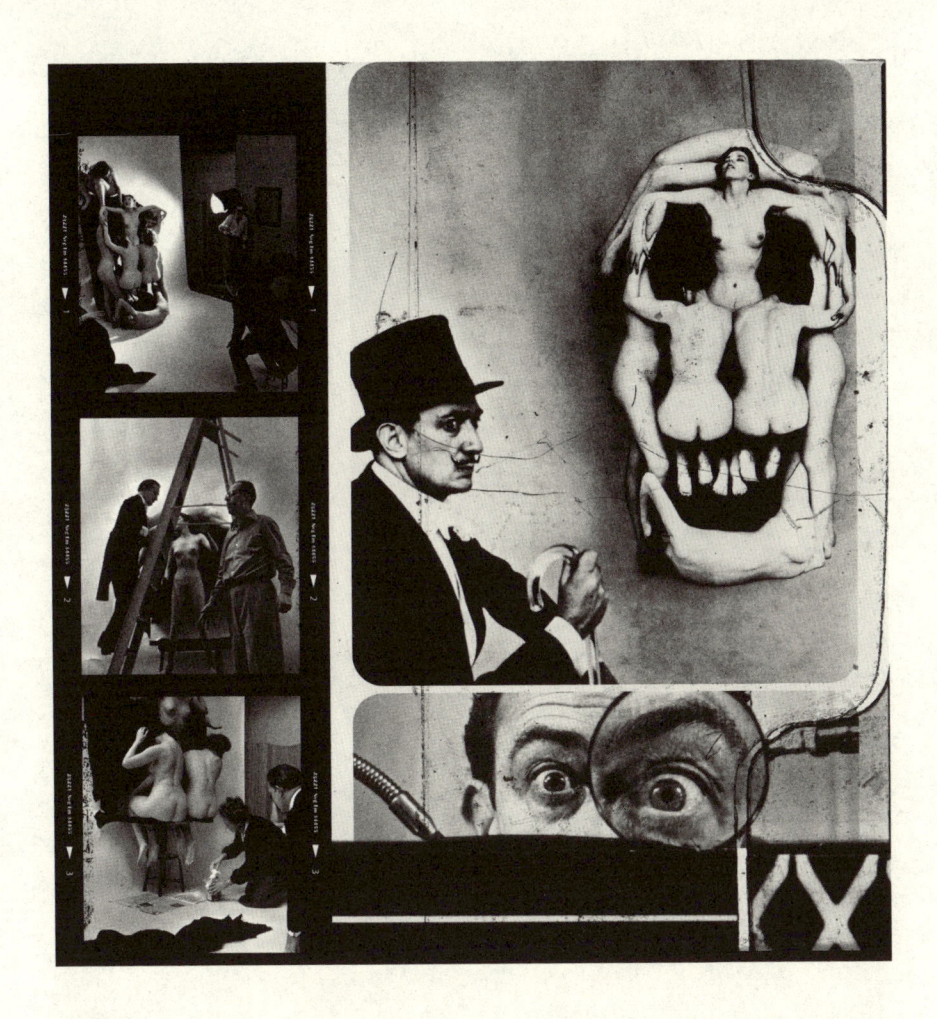

é utilizada, com a mariposa cobrindo a boca da atriz Jodie Foster, que encarna a detetive Clarice Starling. Dentro do contexto arquetípico do longa, a mariposa simboliza não apenas a natureza lasciva dos crimes, que envolvem corpos femininos, mas também o silêncio que Clarice busca para finalmente calar o balido dos cordeiros de sua infância. Além disso, a mariposa representa as vítimas do serial killer Buffalo Bill; a mariposa cobrindo a boca de Clarice, que se torna um símbolo da busca por justiça e uma porta-voz de todas essas mulheres, reflete a tentativa do assassino de alcançar sua transformação por meio da violência e do silenciamento feminino.

MARCO AURÉLIO

No romance *O Silêncio dos Inocentes*, durante a conversa com Clarice Starling em que Hannibal Lecter revela a índole cobiçosa de Buffalo Bill, o psiquiatra menciona um discurso que Jack Crawford fez na Academia Nacional de Polícia. Na ocasião, o agente encarregado da Unidade de Ciência Comportamental do FBI mencionou Marco Aurélio ao falar sobre dever, honra e coragem. Hannibal, em tom zombeteiro, questiona a profundidade da compreensão de Crawford sobre Marco Aurélio, sugerindo que ele apenas cita superficialmente os ensinamentos do filósofo sem realmente compreendê-los.

Nascido em 121 d.C., Marco Aurélio foi um imperador romano mais conhecido por suas *Meditações* sobre a filosofia estoica. Sua visão filosófica destaca a simplicidade e a atenção aos primeiros princípios. Na conversa com Clarice, Hannibal desafia a investigadora a adotar essa abordagem: "Para cada fato, pergunte: o que ele é em sua essência e constituição? Qual é sua natureza intrínseca?". Para os estoicos, o dever é desempenhado de acordo com a razão e a natureza, e a honra é um reflexo da virtude interior. A coragem, por sua vez, é a disposição de enfrentar adversidades com determinação. Hannibal acredita que essa orientação filosófica é essencial para a investigação, sugerindo que a solução do caso está na compreensão fundamental dos fatos.

É interessante ver como Hannibal se coloca em uma posição de autoridade filosófica e acredita possuir uma superioridade intelectual sobre os outros personagens. O psiquiatra critica os outros por não compreenderem verdadeiramente Marco Aurélio e, muito possivelmente, outros pensadores. Ele provoca a agente do FBI: "Quando você demonstra esse raro lampejo de inteligência contextual, eu perdoo sua geração por não saber ler, Clarice". Hannibal também sugere que, se Crawford

Acherontia atropos

MARIPOSA

No bestiário de *O Silêncio dos Inocentes*, a mariposa é associada ao assassino Buffalo Bill, que insere pupas de mariposas nas gargantas de suas vítimas, um ato grotesco e profundamente simbólico.

As mariposas são comumente vistas como símbolos de transformação devido ao seu ciclo de vida, que inclui a metamorfose de ovo a lagarta, depois a pupa e, por fim, a mariposa adulta. Buffalo Bill, que deseja transformar a si mesmo e transicionar de gênero, coleciona mariposas e a partir delas alimenta sua obsessão. Na interpretação dele, há certa similaridade entre suas existências, pois ambos se veem presos em um corpo que não lhes serve e que não é sua forma definitiva. O ato de confeccionar uma roupa de mulher para si mesmo com as peles de suas vítimas — mulheres silenciadas com pupas introduzidas em suas gargantas — é uma tentativa desesperada de renascer, de se metamorfosear em algo diferente, algo que ele acredita ser seu verdadeiro eu. No filme, o desejo de se reconstituir é salientado na cena em que Buffalo Bill, diante de uma câmera filmadora, ergue os braços e a manga do tecido forma asas atrás dele.

As mariposas *Acherontia atropos*, *Acherontia lachesis* e *Acherontia styx*, conhecidas pelos desenhos característicos em forma de crânio humano em suas costas, possuem uma ligação direta com elementos mitológicos que simbolizam morte e destino. O nome *Acherontia* refere-se ao rio Aqueronte, um dos rios associados ao submundo na mitologia grega, enquanto *atropos* faz referência a Átropos, uma das três Moiras, responsáveis por cortar o fio da vida e determinar o fim da existência de todos os seres mortais. De maneira similar, *lachesis* alude a Láquesis, outra Moira que mede o fio da vida, e *styx* remete ao Estige, o rio que separa o mundo dos vivos do dos mortos.

Na Bíblia, tanto no Velho quanto no Novo Testamento, as mariposas[*] são mencionadas como símbolos de destruição. Em textos como Isaías 50:9, elas aparecem como metáforas para a fragilidade da vida humana e a natureza efêmera da existência terrena. Isaías utiliza a mariposa para ilustrar a rápida deterioração e a efemeridade da glória humana diante do julgamento divino: "O Senhor Deus é quem me defende, e por isso ninguém poderá me condenar. Todos os meus inimigos desaparecerão; serão como um vestido que as traças destruíram". Em Lucas 12:33, a referência às mariposas indica a destruição que pode corroer bens terrenos, destacando a necessidade de buscar tesouros duradouros no céu: "Vendam o que têm e deem esmolas. Façam para vocês bolsas que não se desgastam com o tempo, um tesouro nos céus que nunca se acaba, onde nenhum ladrão pode se aproximar e nenhuma traça destrói".

Essa associação com a morte é coerente com o papel da mariposa tanto no filme quanto no romance, onde as aparições e menções ao inseto estão diretamente ligadas às mortes das vítimas de Buffalo Bill. No filme, há duas aparições emblemáticas da borboleta, que, embora diferente da mariposa, possui uma semelhança alegórica com o inseto-símbolo do assassino. Na casa de Buffalo Bill, vemos um quadro de borboleta que reflete o fascínio mórbido do personagem. Após sua morte, a câmera faz um close em um enfeite com pinturas de borboletas.

A mariposa também pode simbolizar excentricidade e beleza, vida efêmera e transformação contínua. Essa dualidade está presente nos próprios personagens, especialmente em Hannibal, cuja sofisticação e inteligência coexistem com sua natureza monstruosa. Clarice, por sua vez, também está em sua própria jornada sísmica de transformação pessoal e profissional, vivendo um rito de passagem. Sua interação com Hannibal e a busca por Buffalo Bill são partes de sua própria metamorfose de uma estudante promissora para uma agente astuta e bem-sucedida. Não é à toa que a mariposa é o elemento-chave da cena em que Clarice liga os pontos e entende que está na casa do assassino.

---

[*] A traça-das-paredes (*Phereoeca uterella*), frequentemente vista em ambientes domésticos, é uma pequena mariposa da família dos tineídeos que se alimenta da fibra de alguns tipos de tecido, além de pelos e cabelos.

Quando Buffalo Bill é fatalmente atingido, a posição de seu corpo — os braços curvados, as mãos crispadas — evoca a imagem da morte de um inseto, pois estes tendem a cair de costas, deixando as asas e o corpo expostos para cima. Além disso, os óculos de visão noturna criam a ilusão de olhos esbugalhados de inseto, enquanto o tapete sobre o qual ele sucumbe sugere a ideia de asas.

Ray Mendez, conhecido por seu trabalho em filmes como *Creepshow* (1982) e *Joe e as Baratas* (1996), desempenhou o papel de "treinador e estilista de mariposas" em *O Silêncio dos Inocentes*. Segundo ele, a representação das mariposas no filme foi extremamente precisa. O maior desafio que enfrentou foi encontrar as mariposas, já que havia apenas uma colônia disponível na época, e esta padecia de um vírus. Mendez resolveu o problema usando uma espécie diferente de mariposa e criando uma pequena roupa para ela. Ele pintou um crânio em uma unha postiça e, usando uma cola especial que garantia a segurança do inseto, a afixou cuidadosamente na mariposa. Ao descrever sua experiência no set de filmagem, comentou: "Durante a cena em que Clarice avança pelo corredor, várias mariposas estão voando ao redor. Eu tinha uma caixa de mariposas prontas e corri na frente da câmera, fora de vista, lançando-as como os romanos costumavam espalhar pétalas de rosa!".

NOIVO ANIMAL

Nos contos de fadas, o noivo animal é um ser encantado com uma natureza bestial oculta. Embora não se transforme fisicamente em um animal, Hannibal Lecter é um monstro disfarçado de homem, cuja verdadeira essência é revelada por meio de sua natureza predatória. Com uma presença inquietante e um magnetismo sombrio, ele encarna essa dualidade e redefine o imaginário do monstro; Hannibal é o predador elegante, a criatura que seduz e aterroriza. No universo cinematográfico baseado nos romances de Thomas Harris e no cânone literário do autor, a imagem do psiquiatra se desvela em alusões monstruosas e animalescas.

Em *Dragão Vermelho*, a duplicidade lecteriana é revelada por Will Graham durante uma conversa com R. J. Springfield, chefe dos detetives de Atlanta. O ex-agente do FBI descreve Hannibal como um monstro e comenta sobre como ele é hábil ao aparentar normalidade: "Ele é um monstro. Penso nele como uma daquelas coisas dignas de pena que nascem em hospitais de tempos em tempos. Eles a alimentam e a mantém aquecida, mas não a colocam nas incubadoras, e ela acaba morrendo. Lecter é assim mentalmente; parece normal, mas ninguém percebe". Graham, marcado por cicatrizes físicas e emocionais após viver uma experiência traumática com o psiquiatra, vê em Hannibal traços de monstruosidade e animalidade, referindo-se a ele como uma "espécie de psicopata".

Ele não é o único a pensar assim. Durante uma conversa com Molly Graham, sua companheira, Graham menciona que Jack Crawford acredita que "ele tem uma afinidade com os monstros". No romance *O Silêncio dos Inocentes*, ao preparar Clarice Starling para o seu primeiro encontro com Hannibal, Crawford declara: "Ele é um monstro". No filme, quem faz essa afirmação é o dr. Chilton. Hannibal é igualmente

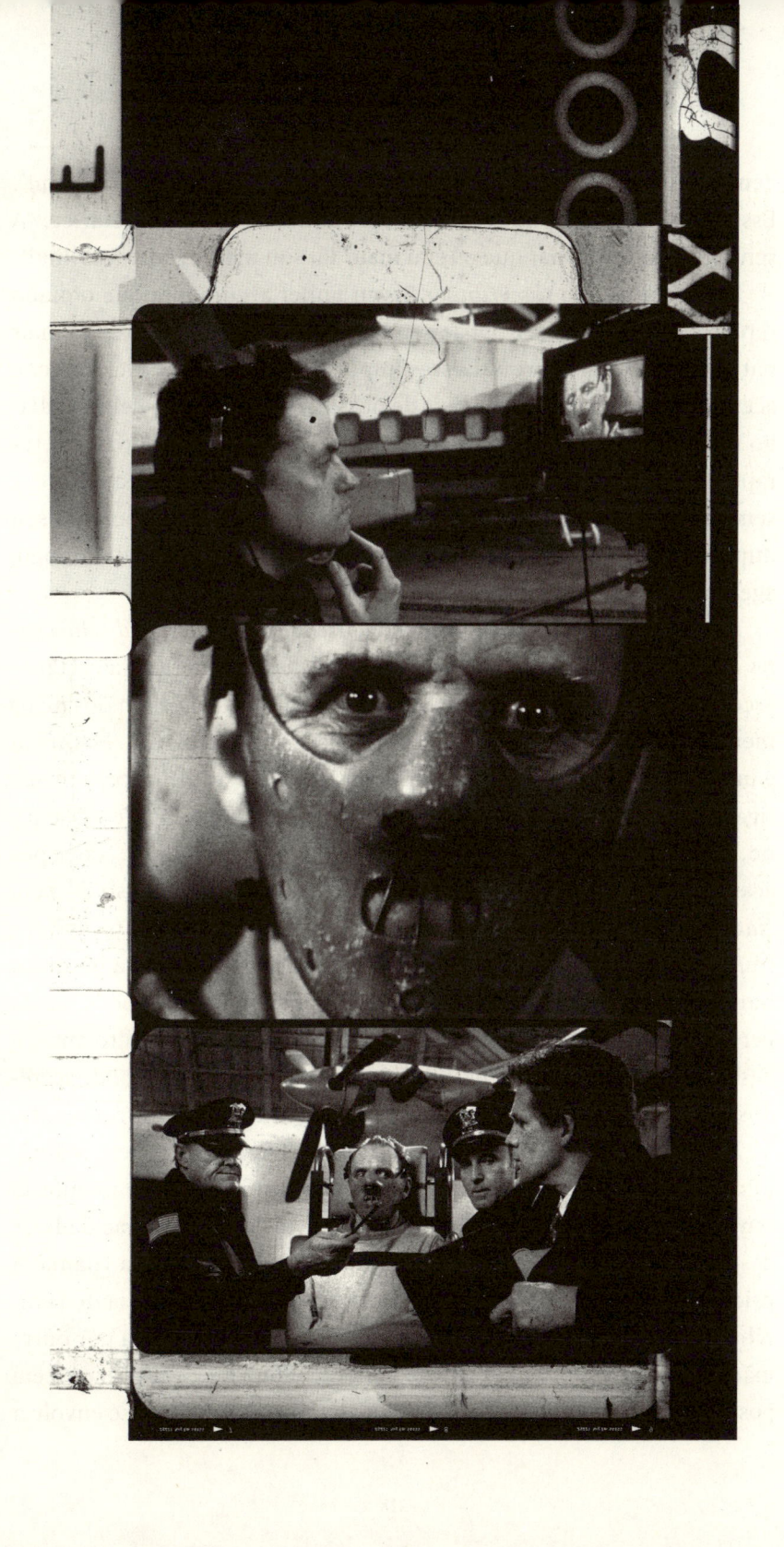

demônio perfeito. Diga-me quão perverso eu sou. Isso me faz tão bem!".
Essa intenção voraz pode ser vista em Hannibal, que peita Clarice: "A
senhorita pode afirmar que eu sou mau? Eu sou mau, agente Starling?".

Em entrevista, o *showrunner* Bryan Fuller argumenta que o diabo
representa a ideia de ser fiel ao seu eu mais autêntico: "Não seria mais
natural e saudável expressar esses impulsos à medida que eles surgem,
aceitá-los como partes essenciais de nossa personalidade e deixar o diabo reinar?". Para ele, isso se reflete em Hannibal, cuja abordagem terapêutica encoraja Will a aceitar e a expressar sua verdadeira natureza
sem restrições sociais. Aqui, o Hannibal da série de TV corporifica seu
duplo literário, que afirma com orgulho: "Não aconteceu nada comigo,
agente Starling. Eu aconteci".

A construção desse masculino indecifrável em *O Silêncio dos Inocentes* é um reflexo da tradição gótica. A atmosfera hermética da cela manicomial de Hannibal e o porão lúgubre de Buffalo Bill, além dos jogos
mentais entre Hannibal e Clarice, destacam essa influência. Hannibal
é um anti-herói fascinante e ameaçador, ao passo que Clarice, a investigadora inexperiente em um ambiente predominantemente masculino, representa a heroína gótica que enfrenta dilemas morais. Não é por
acaso que, no livro, Clarice é chamada de "noiva de Frankenstein" pelo
National Tattler; o apelido sublinha a herança gótica da heroína que enfrenta monstros que revelam verdades perturbadoras sobre a natureza
humana. O conto do Barba Azul, por exemplo, imortalizado por Charles
Perrault e recontado ao longo dos séculos, explora o confronto entre o
desconhecido e a verdade a partir do arquetípico vilão que esconde segredos terríveis e da mulher heroica que deve enfrentar esse terror oculto.

Na série de TV, a relação entre Graham e Hannibal reflete a dinâmica do conto de fadas. A animalidade de Hannibal, que se manifesta
tanto em seu desejo de devorar os outros quanto em sua capacidade de
despertar os instintos mais sombrios em Graham, revela sua vilania. A
psiquiatra Bedelia du Maurier sublinha a natureza predatória de Hannibal ao dizer: "Hannibal não tem intenção de me ver morta por outra
mão que não a dele. E só então, se puder me devorar... Ele não está em
posição de me devorar agora". Graham reconhece o custo de se envolver

com esse predador ao afirmar: "Se você joga, você paga". Du Maurier, por sua vez, responde com frieza, destacando a transformação que ocorre em Graham ao se aproximar de Hannibal: "Você pagou caro. Saber que você está marcado de uma forma tão particular o excita". A analogia com o Barba Azul se intensifica quando Graham se identifica como "a esposa do Barba Azul", alguém que guarda segredos perigosos e que se encontra à mercê do noivo animal que é Hannibal.

Em entrevista, Hopkins comentou sobre a complexidade de interpretar papéis lôbregos, mencionando que, embora tenha encarnado personalidades históricas como Hitler, a verdadeira essência do terror reside na humanidade dos personagens: "Um dos produtores do filme chegou a me dizer: 'Ótimo, mas que tal interpretá-lo de forma menos humana?'. Bem, Hitler é humano. Isso que é assustador". Foster inclusive comentou em mais de uma ocasião que a experiência de atuar com Hopkins caracterizado como Hannibal lhe deu calafrios. Ainda assim, o psiquiatra, apesar de suas atitudes atrozes, exibe um lado humano, especialmente em sua relação com Clarice. Até que ponto a humanidade de Hannibal contribui para a sua natureza monstruosa? Em vez de desumanizá-lo, a narrativa nos força a confrontar a ideia de que a verdadeira monstruosidade pode residir na própria humanidade.

Ao longo dos livros, Harris traça paralelos entre o psiquiatra e os animais, ressaltando como a animalidade é uma característica inexorável de sua vilania. Em *O Silêncio dos Inocentes*, Crawford alerta Clarice: "Quando Lecter falar com você, não se esqueça de que ele vai tentar descobrir alguma coisa a seu respeito. É o mesmo tipo de curiosidade que leva uma serpente a fixar o olhar em um ninho de pássaros". Mais adiante no romance, Clarice define Hannibal da seguinte forma: "Ele é um visom de cemitério. Habita o fundo de uma caixa torácica, entre as folhas secas de um coração". Em *Hannibal*, a detetive observa: "Dois telefonemas, cada qual abordando um lado do dr. Lecter, um mostrava seu encanto, o outro suas escamas". A habilidade de Hannibal de discernir o perfume e o hidratante corporal de Clarice, assim como o cheiro de sangue, destaca seus sentidos aguçados, quase predatórios. Ele sibila, persegue suas presas, mata-as, devora carne humana e possui um olfato apurado. Mantido atrás de um vidro, vemos sua violência nua e crua na cena em que ele assassina um policial e se cobre de sangue, revelando o monstro que Clarice foi advertida a temer, por mais que, até então, ele tivesse se mostrado educado e carismático.

Hopkins revelou em diversas entrevistas ao longo dos anos que se inspirou em animais para dar vida ao icônico psiquiatra. Em uma conversa com o ator Jim Carrey, Hopkins contou que baseou seu personagem mais famoso em uma tarântula e em um crocodilo, destacando a mistura de predadores calculistas e instintivos. Curiosamente, Hopkins também comparou Lecter a HAL 9000, a inteligência artificial de *2001: Uma Odisseia no Espaço* (1968), descrevendo-o como uma máquina impiedosa, semelhante a um tubarão silencioso. Apesar dos paralelos com a animalidade, o ator também o enxergava como metade máquina, metade ser humano, quase como um submarino, operando com precisão e frieza. Foster inclusive descreveu sua voz de tela como tendo "uma tonalidade metálica". Essa dualidade entre o orgânico e o artificial foi explorada ainda mais por Hopkins ao comparar Hannibal a uma máquina de perfuração de couro. Assim como o noivo animal dos contos de fadas, Hannibal nos convida a refletir sobre esse enigma da natureza humana, nos questionando onde termina o homem e começa a fera, e como essa fronteira permeia a psique e a moralidade de todos que cruzam seu caminho.

ÓCULOS DE VISÃO NOTURNA

Os óculos de visão noturna acentuam a atmosfera de terror em uma das cenas mais perturbadoras de *O Silêncio dos Inocentes*. O equipamento, que permite ao usuário enxergar em condições de baixa luminosidade e até mesmo em completa escuridão, é usado por Buffalo Bill em seu porão labiríntico enquanto a investigadora Clarice Starling — em um de seus momentos mais vulneráveis — tenta resgatar Catherine Martin.

A cena, horripilante por si só, se torna ainda mais horrenda pela mudança de ponto de vista, que convida o espectador a ver Clarice pelos olhos do assassino. Essa escolha de filmagem não só amplia a tensão, como também desafia o espectador a sentir quase que na própria pele a impotência da protagonista, pois evoca a realidade de que mulheres, alvo frequente de todo tipo de violência, vivem com a constante sensação de perigo iminente. No antro de mariposas, manequins e uma roupa feita de pele humana, olhamos a heroína desditosa de cima a baixo e a seguimos enquanto ela, atordoada e exposta, tateia pelos cômodos, com a arma em riste e o coração disparado.

À medida que Clarice explora o covil, é impossível não pensar no trecho em que Hannibal Lecter a questiona sobre o que motiva Buffalo Bill a matar: "Ele cobiça. É da natureza dele cobiçar. Nós cobiçamos aquilo que vemos todos os dias". Embora este seja o primeiro e último encontro entre Clarice e Buffalo Bill, a eventualidade de tê-la diante de si é o bastante para incitar pensamentos funestos no assassino, que rapidamente a transforma em um objeto de desejo. No livro, Buffalo Bill descarta a utilidade de Clarice para a roupa que está confeccionando ao ver que ela é magra, mas cogita arrancar seus cabelos para usar em si mesmo.

O jogo de gato e rato entre Clarice e Buffalo Bill vai além do confronto entre investigadora e assassino; também é mais uma camada das dinâmicas de gênero que permeiam o filme. Ao esticar o braço para tocar o cabelo e o rosto de Clarice, mas sem concretizar o gesto, Buffalo Bill se deleita por estar no controle da situação. Há uma satisfação perversa em observar a vulnerabilidade de Clarice e na sensação de poder que ele, misógino que é, acredita ter sobre ela. Os óculos de visão noturna o colocam em uma posição predatória, mais uma vez representando a vigilância constante do patriarcado — pelo menos até ser surpreendido pelo som dos tiros que finalmente o silenciam.

QUID PRO QUO

A expressão em latim é frequentemente usada para descrever trocas ou transações onde há uma expectativa de reciprocidade, seja em negociações comerciais, acordos políticos ou contratos legais. No jogo de poder entre Clarice Starling e Hannibal Lecter, o *quid pro quo* é usado para que ambos possam trocar informações em pé de igualdade; ela extrai do psiquiatra detalhes que poderão ser usados para identificar e capturar o assassino Buffalo Bill, ao passo que ele coleta informações pessoais para explorar a psique de Clarice.

Desde o momento em que Clarice se aproxima da cela de Hannibal, fica evidente que ele a vê não apenas como uma agente do FBI em busca de informações, mas também como uma fonte de entretenimento com quem pode se envolver intelectualmente e tornar a estada no Hospital Estadual de Baltimore para Criminosos com Transtornos Mentais minimamente mais interessante. A urgência de Clarice para solucionar o caso — enfatizada pelo psiquiatra, que imita um relógio tiquetaqueando enquanto a encara do outro lado do vidro — faz com que ela aceite a proposta do *quid pro quo* de imediato.

Hannibal então questiona Clarice sobre sua pior memória de infância. A agente responde: "A morte do meu pai". Ele agradece à investigadora pela franqueza e — *quid pro quo* — se põe a inculcar na agente em formação os simbolismos relacionados à mariposa, explicando como a transformação da lagarta em pupa e, por fim, em um inseto alado representa o desejo de Buffalo Bill de se transformar. O diálogo vai tomando forma à medida que Clarice e Hannibal permutam informações. *Quid pro quo.* Clarice conta a ele sobre o rancho onde morou na infância e a noite em que acordou com o balido dos cordeiros na fila para o abate. *Quid pro quo.* Hannibal discute a incapacidade de Buffalo Bill de compreender sua própria identidade. Ele tenta encerrar o assunto, mas ela insiste, e Hannibal fornece mais detalhes que ajudam Clarice a avançar na investigação.

A objetividade com que Clarice narra os acontecimentos que levaram até a morte de seu pai — que também fazia parte da força policial, ainda que como delegado, uma posição menos opulenta do que a ambicionada por ela — torna inequívoco que desenterrar o passado não é uma coisa que Clarice gosta de fazer, nem tampouco algo que faça com frequência. Seu próprio trabalho é muito oportuno nesse sentido; atuar como agente do FBI exige um olhar atento e constante para o lado mais sombrio da natureza humana, oferecendo um refúgio conveniente para a sua própria introspecção. Estar em uma dinâmica que estabelece que ela exponha suas vulnerabilidades é, portanto, profundamente desconcertante e potencialmente desestabilizador.

Aqui, Clarice se depara mais uma vez com um embate de gênero, dado que até mesmo Hannibal, apesar de sua elegância, não se abstém de tecer comentários provocativos e se sente no direito de fazer perguntas íntimas, tentando assim reforçar uma suposta superioridade. Porém, ele logo percebe que não consegue brincar com os sentimentos dela, pois Clarice tem um aparelho emocional robusto e sabe devolver as insolências dele na mesma moeda: "Sua percepção é aguçada, doutor. Mas será que é corajoso o suficiente para direcionar essa percepção para si mesmo?". No livro, ele se refere a ela como "estudante Starling" para depois chamá-la de "agente Starling", colocando-a em um patamar de equidade intelectual.

O ator Anthony Hopkins comentou em uma entrevista que Clarice consegue acessar o senso de humor de Hannibal e afirmou que ele considera a interação entre os personagens quase como um conto de fadas: "Ele acha divertido que essa garotinha insignificante... É uma espécie de conto de fadas, veja bem, onde a heroína se aventura na caverna do Dragão Maligno. Eu a imaginei como um conto de fadas, um arquétipo espiritual que simboliza o confronto entre o bem e o mal". Essa metáfora destaca como a interação entre Clarice e Hannibal vai além da simples troca de informações, mergulhando em um nível mais profundo.

A curiosidade mútua e o campo de batalha psicológico estabelecem uma simbiose única entre os dois personagens na qual o *quid pro quo* deixa de ser uma simples troca de informações e vira uma forma de intimidade psicológica. No final do filme, quando Hannibal liga para Clarice, ele diz que não vai procurá-la e — *quid pro quo* — pede que ela tenha a decência de fazer o mesmo.

THOMAS HARRIS

Nascido em 1940, em Jackson, Tennessee, Thomas Harris é conhecido por suas obras de suspense e terror psicológico. O autor ganhou destaque mundial com seu primeiro romance, *Domingo Negro* (1975), que estabeleceu sua habilidade em criar narrativas carregadas de tensão. No entanto, foi com a criação de Hannibal Lecter que Harris alcançou fama internacional. O psiquiatra canibal fez sua primeira aparição no romance *Dragão Vermelho* (1981), que entabulou uma série de sucesso que também inclui os livros *O Silêncio dos Inocentes* (1988), *Hannibal* (1999) e *Hannibal: A Origem do Mal* (2006). Os livros venderam mais de 50 milhões de cópias pelo mundo e seguem aterrorizando leitores até hoje.

Harris é conhecido por ser extremamente reservado em relação à sua vida pessoal, evitando entrevistas e aparições públicas. O autor não tem o costume de realizar sessões de autógrafos e, desde meados da década de 1970, não concedia entrevistas reveladoras ou substanciais. Em 2019, no entanto, durante o lançamento de *Cari Mora*, seu sexto livro, o autor conversou com o *The New York Times*, pondo fim à especulação do público, que tecia teorias absurdas sobre supostas tendências à psicopatia de Harris. A explicação, na verdade, é muito simples: Harris prefere proteger sua privacidade e preservar a integridade de suas obras, permitindo que elas sejam avaliadas independentemente de sua persona pública. "Tenho tido a sorte de ver meus livros encontrando novos leitores sem que eu precise divulgá-los, e prefiro que seja assim", explicou o autor, acrescentando: "[A fama] é mais um incômodo do que qualquer outra coisa".

Apaixonado pela natureza, Harris visita regularmente um centro de resgate animal em Miami, Flórida, onde participou de workshops de reabilitação de vida selvagem. Seu envolvimento é tão discreto que os funcionários só descobriram sua identidade muitos anos depois. Ele também desenha, cozinha refeições elaboradas e janta com amigos, exibindo uma personalidade descontraída que contrasta com a intensidade de seus escritos.

No gabinete criativo, ele tem uma rotina regrada e tenta escrever todos os dias. Para Harris, a escrita é como um processo quase passivo, algo que acontece com ele, em vez de algo que ele faz. O trabalho pode ser dolorosamente lento, com décadas se passando entre os romances: "Alguns dias você vai ao escritório e é o único que aparece. Nenhum dos personagens dá as caras, e você fica lá sozinho, sentindo-se um idiota. Em outros, todo mundo aparece pronto para trabalhar. Você tem que estar no escritório todos os dias. Se alguma ideia surgir, você quer estar lá para capturá-la".

O autor cresceu em Rich, Mississippi, onde sua família tinha uma fazenda. Em 1964, formou-se em Inglês na Universidade Baylor e trabalhou como repórter policial. Embora considerasse o trabalho pouco inspirador, a experiência e o conhecimento que adquiriu sobre o trabalho policial foram muito úteis em seus escritos posteriores. Uma das reportagens o levou ao norte do México, onde conheceu um médico de prisão que mais tarde se tornou uma inspiração para Hannibal. Em 1968, Harris conseguiu um emprego na Associated Press em Nova York, cobrindo roubos e assassinatos. Enquanto trabalhava lá, ele e dois outros repórteres delinearam a trama de *Domingo Negro*, um romance sobre um plano terrorista envolvendo o Super Bowl. Eles dividiram o adiantamento, e Harris escreveu a história. O livro, que se tornou um best-seller e um filme de sucesso, permitiu que Harris começasse a escrever em tempo integral, além de ser um testemunho da convicção do autor de que não é preciso inventar nada para escrever. "Tudo já aconteceu. Nada é inventado. Você não precisa inventar nada neste mundo".

As obras de Harris são elogiadas por sua complexidade psicológica e por sua profundidade moral. Além de explorar as mentes perturbadoras de seus personagens, o autor também investiga temas como o

bem e o mal, a dualidade da natureza humana, a moralidade e a ética e as motivações que levam indivíduos a cometerem atos extremos. Sua habilidade em criar personagens multifacetados fica evidente quando conhecemos Hannibal; afinal, não é todo dia que se vê um personagem tão cativante. "Eu ainda penso nele, no que ele anda fazendo", revelou o autor. Nós também.

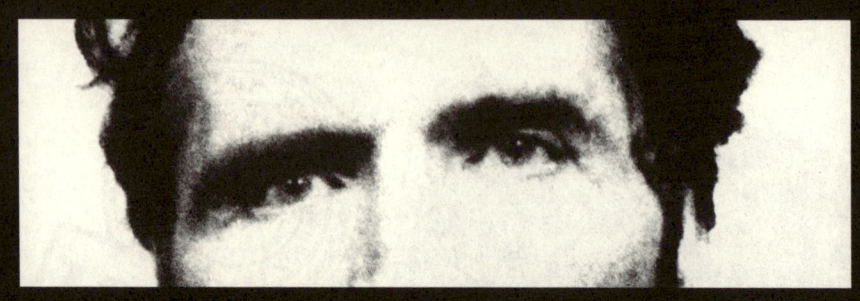

KING COUNTY
WASHINGTON
BA DATE
= 1 3 5 9 6 o 5 1 2 82

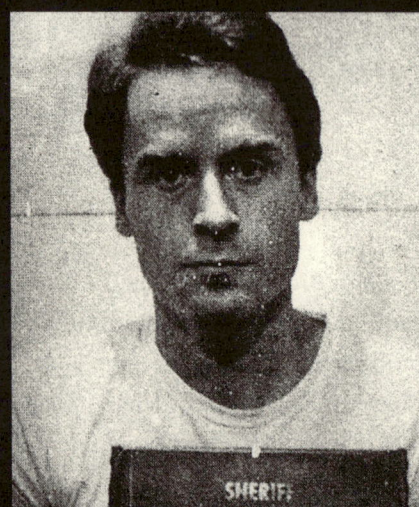

SHERIFF
SALT LAKE COUNTY

78058 10-03-75

TRUE CRIME

O infame dr. Salazar pode ter inspirado o icônico Hannibal Lecter, mas que outros assassinos reais influenciaram a narrativa de *O Silêncio dos Inocentes*? Embora não se saiba ao certo se Thomas Harris se inspirou em outros criminosos, as similaridades entre Buffalo Bill e figuras como Ed Gein, Ted Bundy, Gary Heidnik e Gary Ridgway são inegáveis. A combinação de elementos reais com a ficção cinematográfica revela como o verdadeiro horror muitas vezes supera a imaginação, fornecendo um vislumbre perturbador da psique humana e da perversidade que ela pode alcançar.

Ed Gein, conhecido como O Açougueiro de Plainfield, é um dos criminosos mais sórdidos da história dos Estados Unidos, cujo reinado de terror na década de 1950 deixou uma marca indelével no imaginário popular e no gênero do horror. Nascido em 27 de agosto de 1906, em La Crosse, Wisconsin, Gein teve uma infância difícil, marcada por um pai alcoólatra e por uma mãe verbalmente abusiva. Apesar disso, ele a idolatrava, uma devoção que preocupava seu irmão mais velho, Henry. Em 1944, Henry morreu em circunstâncias misteriosas durante um incêndio perto da fazenda da família em Plainfield, um episódio que muitos acreditam ter envolvido Gein, embora a morte tenha sido oficialmente considerada um acidente.

Após a morte de sua mãe em 1945, Gein se tornou um eremita, isolando as áreas da casa que sua mãe usava com mais frequência e preservando-as como uma espécie de santuário. Esse comportamento bizarro evoluiu para crimes ainda mais perturbadores. Gein exumava cadáveres de cemitérios para criar roupas e máscaras feitas de pele e ossos humanos. Ele também assassinou pelo menos duas mulheres, cujas mortes foram diretamente atribuídas às suas práticas perturbadoras. Em 1957,

Gein foi preso e, após ser declarado insano, foi internado em um hospital psiquiátrico, onde permaneceu até sua morte, em 1984. A obsessão de Gein com a preservação e a transformação de corpos humanos, criando roupas e máscaras feitas de pele, espelha a fixação de Buffalo Bill por criar uma nova identidade com as peles de suas vítimas. Ambos os assassinos utilizam o corpo humano como um meio de transformação; enquanto Gein buscava reviver a presença da mãe por meio da transformação dos corpos, Buffalo Bill tenta criar uma nova persona para si mesmo.

Atuando principalmente na década de 1970, Ted Bundy se destacava por ser charmoso e inteligente, características que usava para manipular suas vítimas. Ele frequentemente usava uma estratégia engenhosa, apresentando-se com um braço ou uma perna engessada e pedindo ajuda para carregar objetos. Esse truque lhe permitia desarmar suas vítimas e levá-las para locais onde pudesse atacá-las.

Nascido em 24 de novembro de 1946, em Burlington, Vermont, Bundy teve uma infância difícil, com uma relação tensa com seu padrasto e sendo frequentemente alvo de bullying devido à sua timidez. Apesar disso, sua inteligência e suas habilidades sociais permitiram que ele tivesse uma carreira universitária bem-sucedida, desenvolvendo relacionamentos aparentemente normais com mulheres. Apesar dessa aparente estabilidade, Bundy iniciou uma onda de crimes brutais entre 1974 e 1978, sequestrando, agredindo sexualmente e assassinando várias jovens em Washington, Oregon, Colorado, Utah e Flórida. Embora tenha confessado o assassinato de pelo menos 30 mulheres, acredita-se que o número de vítimas seja muito maior. Seus crimes o levaram a ser capturado em 1978, e, após uma série de julgamentos e tentativas de fuga, Bundy foi executado na cadeira elétrica em 1989. Apesar da natureza horrenda de seus crimes, Bundy conseguiu atrair um interesse significativo da mídia e do público. Seu caso inspirou uma porção de romances e filmes populares sobre assassinatos em série, e a romantização de Bundy incitou discussões de teor feminista. Buffalo Bill, assim como Bundy, usa uma tática de manipulação para atrair suas vítimas; ele engana Catherine Martin pedindo ajuda para colocar uma poltrona dentro da van, refletindo a mesma astúcia manipuladora que Bundy utilizava para capturar suas vítimas. Ambos os assassinos exploram a boa vontade das vítimas e a aparente normalidade da situação para desarmá-las. Enquanto Bundy usa sua aparência para criar uma falsa sensação de segurança, Buffalo Bill se aproveita da necessidade prática de ajuda para estabelecer um contato que leva à captura de suas vítimas.

Gary Heidnik, nascido em 22 de novembro de 1943, teve uma vida marcada por uma série de eventos perturbadores que moldaram sua trajetória criminosa. Desde cedo, Heidnik lidou com problemas psicológicos, sendo diagnosticado com transtorno de personalidade esquizoide durante o serviço militar, o que resultou em sua dispensa do exército. Sua vida pessoal foi igualmente tumultuada; ele abandonou o ensino médio e teve uma série de relacionamentos problemáticos, incluindo um com Anjeanette Davidson, cujas irmãs também foram vítimas de seus crimes. Após uma série de tentativas de suicídio e de internações em hospitais psiquiátricos, Heidnik começou a desenvolver um plano horrendo: sequestrar e torturar mulheres.

Em janeiro de 1987, aos 44 anos, Heidnik mantinha cinco mulheres prisioneiras em sua casa na Filadélfia, todas negras, e submetia-as a torturas inimagináveis, incluindo choques elétricos e alimentação forçada. As condições desumanas em que suas vítimas viviam e a extrema crueldade com que eram tratadas revelam a profundidade de sua psicopatia. Capturado e condenado à morte, Heidnik passou os anos seguintes tentando cometer suicídio na prisão até ser executado por injeção letal em 1999, aos 56 anos. A vida de Heidnik, repleta de sofrimento pessoal e crueldade desmedida, continua a despertar curiosidade e repulsa, sendo uma referência perturbadora na cultura pop e na criminologia. Tanto Heidnik quanto Buffalo Bill utilizam o espaço subterrâneo como um local de tortura, refletindo uma abordagem similar em suas práticas macabras. Embora Heidnik e Buffalo Bill compartilhem um padrão de sequestro, a diferença principal reside na motivação, pois ao passo que Heidnik torturava suas vítimas por prazer e controle, Buffalo Bill usa a tortura como um meio para alcançar sua transformação pessoal, refletindo uma motivação mais complexa e distorcida ligada à sua identidade.

Conhecido como o Green River Killer, Gary Ridgway confessou ter matado até 80 mulheres, muitas delas prostitutas, em Washington durante as décadas de 1980 e 1990. Embora ele tenha se declarado culpado de 48 homicídios em 2003, os detalhes perturbadores de seu modus operandi e as confissões sugerem que o número de suas vítimas pode ser ainda maior. A violência de Ridgway e seu foco específico em vítimas vulneráveis, como trabalhadoras do sexo e jovens em situação de rua, destacam uma premeditação macabra.

Nascido em 18 de fevereiro de 1949 em Salt Lake City, Utah, Ridgway demonstrou comportamentos perturbadores e um histórico de violência desde cedo, incluindo a tentativa de matar uma jovem em meados da década de 1960. Após servir na Marinha dos Estados Unidos e estabelecer-se em Seattle, seu perfil de criminoso se consolidou com uma série de crimes hediondos que envolveram o estrangulamento e o abuso das vítimas antes do assassinato. Em 2001, graças aos avanços na tecnologia de DNA, a polícia conseguiu capturá-lo. Buffalo Bill e Ridgway compartilham um padrão de violência direcionado a indivíduos vulneráveis. Ridgway ficou conhecido por desovar os corpos de suas vítimas nas margens do Green River ou em áreas arborizadas do Condado de King. Buffalo Bill, por sua vez, remove a pele das vítimas e desova os corpos em diferentes rios, destruindo qualquer evidência.

WILLIAM BLAKE

Nascido em 28 de novembro de 1757, William Blake foi um poeta, escritor e gravurista inglês. Natural de Londres, Blake desenvolveu desde cedo uma imaginação intensa, alegando ter visões de anjos e de espíritos. Apesar de ter sido pouco reconhecido em vida, sua influência aumentou significativamente após sua morte, inspirando gerações de artistas. Blake é lembrado como um inovador que desafiou as convenções artísticas de seu tempo, criando um universo poético e visual único e de forte dimensão espiritual. Suas visões do Grande Dragão Vermelho continuam a fascinar e a inspirar, encontrando ecos até mesmo na cultura pop e na literatura contemporânea. No universo de Thomas Harris, a influência de Blake é profunda e perturbadora. Sua pintura "The Great Red Dragon and the Woman Clothed with the Sun" ocupa um lugar central no romance *Dragão Vermelho*.

As pinturas do Dragão Vermelho são uma série de aquarelas criadas entre 1805 e 1810. Embora não sejam de grandes dimensões (as pinturas têm em média 40 centímetros de altura e 35 centímetros de largura), as obras possuem uma presença visual marcante, retratando figuras poderosas e apocalípticas inspiradas pelo Livro do Apocalipse da Bíblia. Cada pintura captura a visão intensa e dramática de Blake sobre o confronto entre o bem e o mal, com o Dragão Vermelho simbolizando forças demoníacas e destrutivas. A precisão e a vivacidade das imagens criam uma sensação de movimento e transportam o espectador para o mundo tumultuado das visões proféticas do artista.

A escolha de Harris em integrar a obra de Blake ao perfil de Francis Dolarhyde não é meramente estética; também é uma forma de explorar a psicologia complexa e fragmentada do personagem. Dolarhyde é um serial killer que assassina famílias durante a lua cheia, tendo recebido o apelido de Fada do Dente devido à natureza noturna de seus crimes e ao uso de dentes afiados para morder as vítimas. Sua personalidade é dividida entre seu eu habitual e um alter ego denominado O Grande Dragão Vermelho, inspirado pela pintura "The Great Red Dragon and the Woman Clothed with the Sun". Para Dolarhyde, os crimes que ele comete são uma forma de transformação ritualística, e ele acredita que matar e, portanto, mudar suas vítimas é necessário para que ele se torne o Dragão Vermelho. Em dado momento, Dolarhyde come a obra de Blake em uma tentativa de incorporar a criatura.

A história familiar conturbada de Dolarhyde acabou influenciando sua psicopatologia e sua obsessão com a pintura de Blake. Abandonado pela mãe e maltratado pela avó e por outros familiares, Dolarhyde cresceu em um ambiente abusivo e negligente. Esses traumas iniciais moldaram sua psique e alimentaram uma profunda sensação de rejeição. A brutalidade e o desprezo que ele sofreu na infância geraram um sentimento de inadequação e um desejo desesperado por poder e controle. O quadro de Blake, com sua representação apocalíptica do Dragão Vermelho, oferece a Dolarhyde uma forma de escapar de sua própria impotência; ele vê a transformação no potente Dragão Vermelho como uma maneira de superar a dor e a humilhação de seu passado, projetando suas frustrações e o desejo de vingança em seus atos de violência. A obsessão de Dolarhyde simboliza o embate entre sua monstruosa compulsão assassina e sua tentativa de alcançar alguma forma de redenção.

As epígrafes de *Dragão Vermelho* são retiradas da coletânea *Canções da Inocência e da Experiência* (1794) de Blake. *Canções da Inocência* apresenta uma visão mais otimista e idealizada do mundo, geralmente do ponto de vista da infância e da inocência, e trata de temas como a pureza e a harmonia com a natureza e a espiritualidade. Já *Canções da Experiência* traz uma perspectiva mais sombria da vida adulta, enfatizando a corrupção e a perda da inocência ao discutir a opressão, a injustiça e a repressão religiosa. As epígrafes, portanto, destacam a dualidade e a complexidade dos personagens da narrativa de Harris, especialmente o antagonista Dolarhyde, cujas ações e motivações podem ser vistas como uma manifestação dos temas explorados por Blake.

As referências blakeanas no universo de Hannibal Lecter não se limitam a *Dragão Vermelho*. A filosofia subjacente nas obras de Blake, que frequentemente aborda a luta entre opostos — luz e escuridão, inocência e experiência, céu e inferno — dialoga com a temática geral dos livros de Harris. Hannibal, com sua mente brilhante e sua moralidade distorcida, personifica essa dicotomia tão explorada pelo poeta; Hannibal transita entre o sublime e o horrível, refletindo a visão de Blake sobre a coexistência de opostos. Seu apreço por arte, música e literatura, contrastado com seus atos de violência extrema, cria um paralelo com a visão de Blake sobre o potencial do ser humano para a grandeza e também para a perversão. A presença de Blake no universo de Harris serve como um lembrete constante da complexidade e das contradições inerentes à natureza humana. A partir de personagens como Hannibal, o autor explora a ideia de que dentro de cada indivíduo existe uma batalha entre forças opostas, e é essa tensão que define suas atitudes e sua moralidade. Assim, a obra de Blake não apenas influencia a construção dos personagens, mas também aprofunda a narrativa, oferecendo uma camada adicional de análise psicológica que enriquece a experiência do leitor.

No terceiro livro da série, *Hannibal*, a presença de Blake é novamente sentida. Em uma cena particularmente carregada de significado, a detetive Clarice Starling observa a câmara sombria de Mason Verger, cujo único ponto de luz ilumina uma reprodução do quadro "The Ancient of Days", de 1794, pendurada acima do sofá. A imagem, que evoca o conceito divino de um criador que molda o cosmos e a limitação que a razão impõe sobre a natureza e a imaginação, é coberta por um pano preto em sinal de luto pela morte do patriarca da família Verger. Essa escolha específica de arte reforça o tema recorrente de Blake no universo de Harris, simbolizando a busca de controle e ordem divina em meio ao caos e à depravação humana. A escuridão do quarto, contrastada pela iluminação intensa sobre a pintura, reflete a dualidade presente nas obras de Blake e nas vidas dos personagens de Harris, onde beleza e terror coexistem de forma inquietante.

A série *Hannibal* também explora as camadas de intertextualidade entre os universos de Harris e de Blake. Na terceira temporada, os títulos dos episódios aludem às obras do artista. "The Great Red Dragon", o oitavo episódio, faz referência direta à pintura de Blake, "The Great Red Dragon and the Woman Clothed with the Sun", que retrata o dragão apocalíptico e seu simbolismo central na narrativa de Dolarhyde. O episódio seguinte, "... And the Woman Clothed with the Sun", alude à figura feminina na pintura, que é envolta em sol, refletindo a complexa dinâmica entre Dolarhyde e sua parceira, e o simbolismo apocalíptico associado a ela. O décimo episódio, "... And the Woman Clothed in Sun", é uma variação do título, ajustando a descrição da mulher para "vestida em sol" em vez de "vestida de sol", e explora a transformação e a identidade de Dolarhyde de maneira mais aprofundada. E "... And the Beast from the Sea", décimo primeiro episódio, e "The Number of the Beast Is 666", décimo segundo episódio, fazem referência a elementos apocalípticos descritos no Livro do Apocalipse.

Nos anos 1820, Blake imortalizou a Floresta dos Suicidas de Dante Alighieri em sua obra "The Wood of the Self-Murderers: The Harpies and the Suicides", uma combinação poderosa de lápis, tinta e aquarela sobre papel. Vale lembrar que *A Divina Comédia* também está presente no cânone de Harris, reforçando a rica intertextualidade entre as obras dos três artistas. Por fim, a conexão entre a visão apocalíptica de Blake e o universo sombrio de Harris cria um espaço onde o majestoso e o horrível coexistem, desafiando o leitor a confrontar o dualismo da psique humana. Em última análise, tanto Blake quanto Harris nos convidam a explorar as sombras e as luzes de nossa própria natureza, revelando o conflito eterno entre o caos e a ordem — e a incessante busca por compreensão que reside no abismo do coração humano.

REFERÊNCIAS BIBLIOGRÁFICAS

Bogutskaya, Anna (Apresentadora). "Serial Killers 9: *The Silence of the Lambs* (1991) and the Hannibal Lecter Cinematic Universe." *The Final Girls: A Horror Film Podcast* [Podcast], 25 de abril de 2024.

Bogutskaya, Anna (Apresentadora). "Serial Killers 10: *Hannibal* (TV, 2013-15)." *The Final Girls: A Horror Film Podcast* [Podcast], 2 de maio de 2024.

Clover, Carol J. *Men, Women, and Chainsaws: Gender in the Modern Horror Film*. Princeton University Press, 1992.

Hochman, Jhan. "The Silence of the Lambs: A Quiet Bestiary." *Interdisciplinary Studies in Literature and Environment*, vol. 1, nº 2, 1993, pp. 57-59.

Mike Muncer (Apresentador). "Mind & Body Pt. 18: *The Silence of the Lambs* (1991) & *Se7en* (1995)." *The Evolution of Horror* [Podcast], 12 de novembro de 2020.

Poon, Janice. *Feeding Hannibal: A Connoisseur's Cookbook*. Titan Books, 2016.

Sanders, Steven e Palmer, R. Barton, eds. *Michael Mann: Cinema and Television: Interviews 1980–2012*. Edinburgh University Press, 2014.

Westfall, Joseph, ed. *Hannibal Lecter and Philosophy: The Heart of the Matter*. Open Court Publishing, 2015.

The Lamb

Little Lamb who made thee
  Dost thou know who made thee
Gave thee life & bid thee feed.
By the stream & o'er the mead;
Gave thee clothing of delight,
Softest clothing wooly bright;
Gave thee such a tender voice,
Making all the vales rejoice:
  Little Lamb who made thee
  Dost thou know who made thee

Little Lamb I'll tell thee,
  Little Lamb I'll tell thee;
He is called by thy name,
For he calls himself a Lamb:
He is meek & he is mild,
He became a little child:
I a child & thou a lamb.
We are called by his name.
  Little Lamb God bless thee.
  Little Lamb God bless thee.

O Cordeiro

Cordeirinho, quem te fez?
Sabes quem foi que te fez?
Quem te deu vida e fez-te viver,
À beira do rio e no vale a correr,
Te vestiu com macia lã de encanto,
Suave e terna, igual a um manto?
Quem te deu voz tão doce e bela,
Fazendo cantar campo e cidadela!
Cordeirinho, quem foi que te fez?
Sabes, pequenino, quem te fez?

Cordeirinho, eu te direi,
Cordeirinho, eu te direi!
Ele é chamado pelo teu nome,
Pois a si mesmo se chama Cordeiro:
Ele é manso e também é gentil,
Tornou-se pequenino, doce e sutil.
Eu, uma criança, e tu, um cordeiro,
Chamados pelo nome verdadeiro.
Cordeirinho, Deus te abençoe,
Cordeirinho, Deus te abençoe.

William Blake

O SILÊNCIO DOS INOCENTES

(The Silence of the Lambs)

Estados Unidos, 1991

Direção	**Auditor de Produção**
Jonathan Demme	Vicki Dee Rock
Produção	**Auditor Assistente de Produção**
Edward Saxon	Steven Shareshian
Kenneth Utt	
Ron Bozman	**Contadores Assistentes**
	Katie Clarke
Roteiro	Ann Markel
Ted Tally	
Baseado no romance de	**Coordenadores de**
Thomas Harris	**Assistentes de Produção**
	Lisa Bradley
Direção de Fotografia	Andrew Sands
Tak Fujimoto	Alison Sherman
Edição	**Coordenador de Produção**
Craig McKay	Kenneth Utt
Designer de Produção	**Coordenadores de Locação**
Kristi Zea	Washington DC: John Crowder
Som	Bimini, Bahamas: Gus Holzer
Howard Shore	
	Gerente de Locação
	Neri Kyle Tannenbaum
© Orion Pictures Corporation	**Locações**
	Annie Loeffler
Estúdios	Mike McCue
Uma Produção da Strong	
Heart/Demme	**Supervisor de Pós-Produção**
Um Filme de Jonathan Demme	Marshall Persinger
Um Lançamento da Orion	
Pictures	**Assistentes de Pós-Produção**
	Sam Bruskin
Produção Executiva	Priscilla Fleischman
Gary Goetzman	Trish Breganti
Produtor Associado	**Supervisor de Produção**
Grace Blake	Paul Giorgi
Representante Financeiro	**Assistente do dr. Demme**
Thomas A. Imperato	Lucas Platt

Assistente do dr. Saxon
Valerie Thomas

Assistente do dr. Utt
Robin Fajardo

Assistente da sra. Foster
Pat LaMagna

Assistente de Produção Especial
Kevin McLeod

Assistentes de Produção
Maria Mason
Gina White
Becky Gibbs
Iane Ulan
Monica Bielawski
Andre Blake
Ben Ramsey
"Buz" Wasler
Hyle White
Paula Oliver
Teri Hanson
Jeffrey Barabe

1º Assistente de Direção
Ron Bozman

2º Assistente de Direção
Kyle McCarthy

3º Assistente de Direção Auxiliar
Gina Leonetti

1º Assistente de Direção Adicional
Steve Rose

Continuidade
Mary A. Kelly

Elenco
Howard Feuer
Elenco Adicional de Pittsburgh:
Donna Belajac
Figurantes de Pittsburgh: Staci Blagovich
Figurantes da Virginia:
The Erickson Agency

Operador de Câmera
Tony Jannelli

1º Assistente de Câmera
Bruce MacCallum

2º Assistente de Câmera
Tom O'Halloran

Assistentes de Câmera Adicionais
Larry Huston
Jay Levy

Estagiário de Câmera
Brian Osmond

Operador de Steadicam
Larry McConkey

Engenheiro de Vídeo
Howard Weiner

C-130 Sequências Aéreas Filmadas por
Cine/Exec Aviation Inc.
Vectorvision: Nettmann
Pilotos: Jeff Senour e Jim Deeth
Operador de câmera: Mark Streapy
Ténico: Robert Vogt

Maquinista-Chefe
Bill Miller

Operador de Câmera Dolly
John Donohue

Técnicos de Câmera e Iluminação
Matt Miller
Mick Lohrer
Richard Aversa
Calvin Price

Técnico de Iluminação
Rusty Engels

1º Assistente de Elétrica
Kenny Conners

Eletricistas
Mike Burke
Ed DeCort
James Petri
Peter Demme
Roswell Jones

Fotógrafo de Set
Ken Regan

Efeitos Especiais
Dwight Benjamin-Creel

Assistente de Edição
Lisa Bromwell

1º Assistente de Edição
Colleen Sharp

Smith, M. Riley, S. Hanley, C. Scanlon
e P. Hanley, interpretada por The
Fall; "Alone" de Colin Newman e
G. Lewis, interpretada por Colin
Newman; "Real Men" de B. Licher,
M. Erskine e J. Long, interpretada
por Savage Republic; "Goodbye
Horses" de W. Garvey, interpretada
por Q. Lazzarus; "Lanmo Nan
Zile A" de Les Frères Parent.

Design de Som
Skip Lievsay

Mixagem de Som
Christopher Newman

Operadores de Som
John Fundus

Operação de Boom
Dennis Maitland II

Mixagem de Regravação
Tom Fleischman

Regravação
Douglas L. Murray
Sean Squires

Mixagem de Som em
Sound One Corp/NY

Assistentes de Edição de Som
Anne Sawyer
Brian Johnson

Editores de Som Auxiliares
Bill Docker
Stuart Levy
Missy Cohen

Revelação de Negativo por
J.G. Films, Inc.

Editores de Diálogo
Fred Rosenberg
Jeffrey Stern
Marissa Littlefield
Phil Stockton

Editores de Efeitos
Ron Bochar

ADR
Gravador: David Boulton
Operador de Boom: Kay Denmark
Editores: Gail Showalter
e Deborah Wallach
Editor Assistente:
Randall Coleman

Sonoplastia
Artista: Marko Costanzo | Editores: Bruce
Pross, Frank Kern e Steven Visscher

Efeitos Sonoros e Sonoplastia
C-5, Inc.

Consultor Dolby Stereo
Robert F. Warren

Consultor de Dialeto
Richard Ericson

Consultores de Entomologia
John E. Rawlins PhD
Sally Love

Consultor Policial
Walter "O.J." Oggier

Chefe de Transporte
John Leonidas

Chefe Substituto de Transporte
Dennis Radesky

Serviços Gerais
Richard Fishwick

Coordenador de Dublês
John Robotham

Dublês
Walt Robles
George Wilbur
Mike Cassidy

Treinador de Mariposas
Raymond A. Mendez

Assistentes do Treinador de Mariposas
Leanore G. Drogin

Treinador de Cães
Christie Miele

Publicitário de Produção
Judy Arthur

ELENCO

Jodie Foster Clarice Starling	**Lawrence A. Bonney** Instrutor do FBI
Anthony Hopkins Dr. Hannibal Lecter	**Lawrence T. Wrentz** Agente Burroughs
Scott Glenn Jack Crawford	**Don Brockett** Psicopata amigável
Ted Levine Jame Gumb	**Frank Seals Jr.** Psicopata taciturno
Anthony Heald Dr. Frederick Chilton	**Stuart Rudin** Miggs
Brooke Smith Catherine Martin	**Masha Skorobogatov** Jovem Clarice
Diane Baker Senadora Ruth Martin	**Jeffrie Lane** Pai de Clarice
Kasi Lemmons Ardelia Mapp	**Leib Lensky** Sr. Lang
Charles Napier Tenente Boyle	**Red Schwartz** Motorista do sr. Lang
Tracey Walter Lamar	**Jim Roche** Evangelista de TV
Roger Corman Diretor do FBI Hayden Burke	**James B. Howard** Instrutor de boxe
Ron Vawter Paul Krendler	**Bill Miller** Sr. Brigham
Danny Darst Sargento Tate	**Chuck Aber** Agente Terry
Frankie Faison Barney	**Gene Borkan** Oscar
Paul Lazar Pilcher	**Pat McNamara** Xerife Perkins
Dan Butler Roden	**Kenneth Utt** Dr. Akin
Chris Isaak Comandante da SWAT	**"Darla"** "Preciosa", cachorrinha de Jame Gumb

Adelle Lutz Âncora de TV	**Daniel von Bargen** Comunicador da SWAT
Obba Babatunde Âncora de TV	**Tommy LaFitte** Atirador da SWAT
George Michael Comentarista esportivo	**Josh Broder** Atendente do EMS (Serviços de Emergência Médica)
Jim Dratfield Auxiliar da senadora Martin	**Buzz Kilman** Motorista do EMS (Serviços de Emergência Médica)
Stanton-Miranda 1º Repórter	
Rebecca Saxon 2º Repórter	**Harry Northup** Sr. Bimmel
Cynthia Ettinger Oficial Jacobs	**Lauren Roselli** Stacy Hubka
Brent Hinkley Oficial Murray	**Lamont Arnold** Entregador de flores
Steve Wyatt Flerte de aeroporto	
Alex Coleman Sargento Pembry	*Não creditado*
David Early Policial assustado de Memphis	**George A. Romero** Detetive com walkie-talkie em Memphis
Andre Blake Policial alto de Memphis	
Bill Dalzell iii Policial perturbado de Memphis	*Papéis deletados*
	Philip Bosco Dr. Danielsen do hospital Johns Hopkins

9,518 feet
105 minutes

Dolby SR Colour por
Technicolor, Inc.
Cópias por
DeLuxe
MPAA: 30301

Créditos compilados por Markku Salmi, BFI
Filmographic Unit

In memoriam
JONATHAN DEMME

YVONNE TASKER é uma renomada acadêmica e autora britânica, especializada em estudos de cinema, televisão e cultura pop, com um enfoque particular em questões de gênero, representação e identidade. Professora de Estudos de Mídia na Universidade de Leeds, Tasker é conhecida por seu trabalho inovador que explora as interseções entre o gênero e o entretenimento popular, especialmente nos gêneros de ação, policial e thriller. Entre seus livros mais influentes estão *Spectacular Bodies: Gender, Genre and the Action Cinema* e *Working Girls: Gender and Sexuality in Popular Cinema*. Ao longo de sua carreira, Tasker tem investigado como narrativas audiovisuais refletem e moldam as normas sociais, utilizando uma abordagem crítica que une teoria feminista e análise cultural.

A LUTA CONTINUA

"Goodbye horses, I'm flying over you
Goodbye horses, I'm flying,
flying, flying over you."

— Q LAZZARUS —

DARKSIDEBOOKS.COM